現代住宅の
納まり手帖

伊藤博之・川辺直哉・田井幹夫・松野 勉 編著

彰国社

はじめに
ディテール、身近にある未知の領域をめぐって

　建築は、「神はディテールに宿る "God is in the details"」というミース・ファン・デル・ローエの言葉を待つまでもなく、その歴史が始まる以前から物と物の組み合わせで成り立っており、私たち建築家の先達は、物が接する部位について膨大な試行錯誤を重ねてきた。石材の積み方、金属の鍛錬、木材の加工と仕口、彫刻や建具の仕舞などがそれにあたる。

　取り立てて近代という時代は、大きな発明・開発が集中的に行われてきた特殊な時代であり、石炭の利用と蒸気機関の発明、石油化学の発達とエンジンの開発・電気の発明という技術的な発展を背景として、建築に用いられる素材は大きな飛躍を遂げた。新素材が開発される度に、ディテールの世界の構成素材が増え、新たな関係を模索し、ディテールのフロンティアが切り拓かれてきた。

　だがしかし、2000年を20年近く通り過ぎた現在。

　コンクリート、鉄、ガラス、樹脂という近代を形作ってきた基幹素材の開発は一段落を終え、100年を超える試行錯誤を経て、表面上は飛躍的な変化はないように思える。まったく新しい構造材が開発されることはおそらくなく、あるとすれば、既存素材の組合わせか、これまで見捨てられてきた素材の再評価と再編集という分野に限られるだろう。

　物と物との接点の扱いである「ディテール」も同様の状況にあり、現代建築のディテールは成熟期に入ったと言ってもよいかもしれない。

　そのような認識のもと、私たちは、数多くの現代住宅を、ディテールの観点か

らもう一度ひもとくことを始めた。現代住宅のディテールの中に共通の基準項が
あるのではないか、成熟したディテールの世界に、次の時代につながるような萌
芽のかけらがあるのではないか。そう考えた。

　1990年から2019年春までの30年弱の期間に発表された現代住宅をディテ
ールのみに着目し、つぶさに解読し直すことを始めた。その際に留意したのは以
下の点である。

1. 特殊解ではなく、一般解であること。
2. 新鮮な発見・驚きがあること。
3. 建築の空間との関係性が見て取れること。

　まず、本書に集められたディテールをきっかけとして読み手自らが発展させうる
ディテール集としたいという意図があった。そのため、作家性が色濃く刻印され
ているものは慎重に除外してある。より多くの人たちに、実務上で「使える」辞
書のような、携行する「手帖」のような書物になってもらいたいという趣旨から、
本書の書名を『現代住宅の納まり手帖』としている。

　一方で、ディテールの中に建築家の知恵や検討の跡が反映されていることを
重視した。一見何も起こっていないように見えても、実現するためには気の遠く
なるようなスタディや施工側とのやりとりが想起される事例。図面を見れば見る
ほど湧き立ってくる発見と驚きがあること。それらによって新たな物の見方が開
示されることを、選択の指標とした。

　さらに、建築全体の構成に起因するディテールのあり方、小さなスケールの物
の扱い方が建築空間の質に寄与しているもの、すなわち建築全体のコンセプト
や設計趣旨と密接な関係を結んでいるディテールに着目した。よって、本書に記

された解説は、具象と抽象を横断するガイドとなっているものが多々ある。

　結果として、ここに集められたディテールは、現代的に深く洗練され、新たな感覚や世界を示唆する「100のディテールの結晶」となった。

◇

　この書物は、設計事務所や工務店の若いスタッフ、自分の手に染み付いた感覚を見直したい中堅、自らの建築を次のステップに高めたい建築家の方々を想定し、編纂に約5年の月日を要することとなった。私たち4人の遅筆によるところも大きいが、作品の選択、着目点の精査、図面の読み解き、ディテールと建築の関係の理解に対して、長期にわたる議論を積み重ねてきたこともまた事実である。時間により研磨されることでしか獲得しえなかった質実もあるように思える。図面の数本の線に込められた先達の意図を読み解くことの、豊かさと奥深さと驚きを、編纂者である私たちがまず堪能してきた。

　諸建築家の方々が日々の研鑽を積み重ね、ディテールに込めてきた現代建築の叡智を、皆さんにも深く広く味わっていただきたい。

　地球上に水平に広がるフロンティアはもはやないが、バイオテクノロジーが対象とするミクロ／ケミカルの世界や、仮想通貨電子取引などの抽象領域、深海の世界や宇宙自体の運動原理など、未知の領域は私たちの日常の世界を取り囲んで存在する。

　デスク脇に本書のための場所を分けていただき、現代のディテールを俯瞰して眺めることで、新たな領域を切り拓く一助となれば、私たち編纂者として本望です。

伊藤博之・川辺直哉・田井幹夫・松野 勉

目次

2　はじめに　「ディテール、身近にある未知の領域をめぐって」　伊藤博之・川辺直哉・田井幹夫・松野 勉

開 口　　　　　　　　　　　　　　　　　　　　　　10

12　桟十字
「菰野の家」 2018
杉下均建築工房

14　2層同位置のコーナー開放
「KAZEN HOUSE・母の家」 2017
横河健／横河設計工房

16　まばたきする窓
「Blink House」 2015
松井亮建築都市設計事務所

18　被膜としての固定網戸
「阿佐ヶ谷の家」 2014
浅利幸男／ラブアーキテクチャー

20　引戸と折戸のハイブリッド
「川崎の住宅」 2014
三家大地建築設計事務所

22　換気する壁
「HOUSE SH/Hashira-ma」 2013
赤松佳珠子／ CAt

24　スティールの吊鴨居
「K HOUSE」 2011
吉村昭範＋吉村真基／ D.I.G Architects ＋
名和研二／なわけんジム

26　鉄板の薄出窓
「八雲の家」 2011
矢板建築設計研究所

28　既製サッシとアングルコーナー
「石神井町の家Ⅲ」 2011
高野保光／遊空間設計室

30　消されたアルミサッシュ
「善福寺の家」 2011
堀部安嗣建築設計事務所

32　開く壁
「Small House」 2010
飯森泰行建築設計事務所

34　壁ときどき扉
「秋山のカフェ／住宅」 2010
山口誠デザイン

36　コーナーの3重引込戸
「東府中の家」 2010
手嶋保建築事務所

38　枠をなくすための枠
「博多の家」 2008
岸和郎＋ K.ASSOCIATES ／ Architects

40　躯体の切断面としての開口
「物質試行48 NFFLATS 西麻布の住宅」 2006
鈴木了二建築計画事務所

42　構造にはまるガラス
「輪の家」 2006
武井誠＋鍋島千恵／ TNA

44　シームレス開口
「所沢 stomach」 2006
寺田尚樹＋テラダデザイン一級建築士事務所

46　森を取捨する壁
「八ヶ岳の別荘」 2004
千葉学建築計画事務所

48　出す窓
「ダス・ハウス」 2002
アトリエ・ワン

50　光と風の縦スリット
「T・N - HOUSE」 2000
北山恒＋ architecture WORKSHOP

52　L字形スティール窓
「C」 2000
青木淳建築計画事務所

54　OSB の大判ルーバー
「s-tube」 1999
納谷新

56　二つの表情を持つ雨戸
「VILLA DARIA　明野の山の家」 1998
沖周治／沖アトリエ

58　レディメイド・コンポジション
「F³ HOUSE」 1995
北山恒＋ architecture WORKSHOP

60　隙間アクリル
「住居 No.14　筑波・黒の家」 1993
内藤廣建築設計事務所

軒　62

- 64　屋根を支える軒先樋
  「小江戸川越の町家」2016
  鹿嶌信哉＋佐藤文／K＋Sアーキテクツ

- 66　呼吸する軒先
  「信州上田の家」2016
  堀部安嗣建築設計事務所

- 68　見えない内樋
  「ハウスO」2015
  乾久美子建築設計事務所

- 70　外壁軒裏同仕上げ
  「Nの住宅地の住宅」2014
  木村松本建築設計事務所

- 72　立面を決める樋
  「N邸」2013
  村山徹＋加藤亜矢子／ムトカ建築事務所

- 74　屋根と壁を包む木仕上げ
  「ソラニタツイエ」2012
  岸本和彦／acaa

- 76　木塊に隠された内樋
  「OZ-HOUSE」2012
  向山徹建築設計事務所

- 78　人をまねく軒先
  「佐野の大屋根」2011
  アーキテクトカフェ・田井幹夫建築設計事務所

- 80　シングルラインの鉄板けらば
  「スプリットまちや」2010
  アトリエ・ワン

- 82　自律した屋根のエッジ
  「Forest bath」2010
  生田京子建築研究室 尾関建築設計事務所

- 84　一枚板のような屋根
  「幕張の家」2005
  有田佳生建築設計事務所

- 86　45°カットアルミエッジ
  「依山楼」1992
  川口通正建築研究所

屋根・外壁

- 90　小波曲げの棟笠木
  「大屋根の棲家」2016
  松山建築設計室

- 92　ステンレスカーテン
  「南田辺の家」2016
  藤原・室 建築設計事務所

- 94　鱗に覆われたコーナー
  「かざぐるまの家」2012
  末廣香織＋末廣宣子／NKSアーキテクツ

- 96　質感による寸法制御
  「KRJ」2012
  新関謙一郎／NIIZEKI STUDIO

- 98　屋根を覆う観覧デッキ
  「北庭の家」2010
  三宅正浩／y＋M design office

- 100　小径部材組み合わせの塊
  「ZMZ」2010
  新関謙一郎／NIIZEKI STUDIO

- 102　樹脂板アセンブリー
  「半居」2009
  飯田善彦

- 104　物質的な薄い境界
  「小鉄［Kotetsu］」2007
  川口通正建築研究所

- 106　ルーバーが生む透明な外壁
  「ナチュラルストリップスⅡ」2005
  遠藤政樹＋池田昌弘／EDH遠藤設計室＋
  MASAHIRO IKEDA

- 108　壁と屋根をつなぐ金属板折返し
  「HOUSE O」2005
  押尾章治／UA

- 110　役物レスコーナー
  「書家のアトリエ」2004
  河内一泰／河内建築設計事務所

88

| 112 | **既製部材を使った折れルーバー**
「千川・スクリーンの家」 2002
田井幹夫／アーキテクト・カフェ

114 **切り取られた外壁**
「黒の家」 2001
千葉学建築計画事務所

116 **テーパーふかしの象嵌雨樋**
「n-house」 2000
阿部仁史アトリエ

118 **地面との目地**
「L」 1999
青木淳建築計画事務所

120 **コロニアル家型**
「諏訪のハウス」 1999
西沢大良建築設計事務所

122 **ガラスフレームとしての笠木**
「NOS-h」 1993
石田敏明建築設計事務所

天井・壁

124

126 **合成梁ルーバー**
「K2 House」 2018
下吹越武人／A.A.E.

128 **点で交差する薄板**
「アナハウス」 2016
河内一泰／河内建築設計事務所

130 **柔らかな光を通す障子天井**
「つくばみらいの家」 2010
佐藤森／＋0 一級建築士事務所

132 **空を切り取るエッジ**
「Steel Truss」 2009
木村博昭＋Ks Architects

134 **空とつながる穴**
「天沼の住宅」 2004
佐藤光彦建築設計事務所

136 **異素材の同面目透かし**
「昭島のハウス」 2004
西沢大良建築設計事務所

138 **フレームレスな天窓空間**
「西所沢の住宅」 2001
佐藤光彦建築設計事務所

140 **スライド天窓**
「富士裾野の山荘」 1991
石田敏明建築設計事務所

建具　142

144　戸袋を消す戸先ガイド
「荻窪の連峰」2016
高橋堅建築設計事務所

146　斜めカットの枠
「上尾の長屋」2014
長谷川豪建築設計事務所

148　白い壁と目地
「MINIMALIST HOUSE」2009
小川晋一都市建築設計事務所

150　枠なし扉
「松庵の家」2006
佐藤光彦建築設計事務所

152　回転する光壁
「多摩川の住宅」2005
納谷学＋納谷新／納谷建築設計事務所

154　木片付きガラス引戸
「阿佐谷南の家」2004
小川広次建築設計事務所

156　環境調整大小建具
「深沢の N 邸　LC-SH4」2002
横河健／横河設計工房

158　透ける可動壁
「S house」2001
松野勉・相澤久美／ライフアンドシェルター社
池田昌弘／MIAS

160　開く仕上げ
「House SA 1999」1999
坂本一成研究室

162　回転ツインカーボ
「T2 Bldg.」1997
石田敏明建築設計事務所

階段・手摺

166　スティール支柱の木手摺
「古澤邸」2019
古澤大輔／リライト_D ＋
日本大学理工学部古澤研究室

168　丸鋼に囲われた螺旋階段
「N 邸」2013
村山徹＋加藤亜矢子／ムトカ建築事務所

170　稲妻片持ち木階段
「鎌倉極楽寺の住宅」2013
川辺直哉建築設計事務所

172　変態する家具と階段
「伊丹の住居」2012
タトアーキテクツ／島田陽建築設計事務所

174　床から生える片持ち階段
「House Forest」2012
三幣順一／A.L.X.

176　9 mm 丸鋼のトラス階段
「GALA HOUSE」2012
北山恒＋ architecture WORKSHOP

178　プロダクト精度のシームレス手摺
「near house」2010
原田真宏＋原田麻魚
／ MOUNT FUJI ARCHITECTS STUDIO

180　鉄板によるペア階段
「スイミーハウス」2010
三浦丈典＋原口剛

182　パンチング吊り階段
「国分寺の家」2009
阿部勤／アルテック建築研究所

184　合板をまとうスティール螺旋床
「ジュッカイエ」2009
長岡勉＋田中正洋／POINT ＋横尾真／OUVI

186　19 mm の片持ち鉄板
「MATSUBARA」2008
伊藤博之建築設計事務所

164

照明・スイッチ　208

188 線と面のスティール階段
「ハウス・タワー」2006
アトリエ・ワン

190 鉄板に腰掛けた天然木
「西麻布の住宅」2005
安田幸一研究室＋安田アトリエ

192 鉄にそっと乗る木板
「池さんの家」2004
小泉誠

194 挟み込まれた木手摺
「材木座の家」2004
田井幹夫／アーキテクト・カフェ

196 鉄とかみ合う木手摺
「用賀Yハウス」2001
宮崎浩／プランツアソシエイツ

198 ルーバーのような階段
「再生木ルーバーハウス」2000
宮崎浩／プランツアソシエイツ

200 木塊の片持ち階段
「比叡平の家」2000
竹原義二／無有建築工房

202 躯体との対比を生む丸鋼ダブル
「祐天寺T邸」1999
伊東豊雄建築設計事務所

204 米松と鉄のコンポジション
「南軽井沢の家」1992
矢板久明・上野武

206 コンクリートの積み木階段
「前原の家」1991
阿部勤／アルテック建築研究所

210 壁と同化するスイッチ
「父母の家」2018
松山建築設計室

212 ミニマム・ライン
「蝶番の家」2017
立花美緒設計事務所

214 懐に隠れたシーリングソケット
「壬生松原の住宅」2016
奥田晃輔＋堀井達也／OHArchitecture

216 前景としてのスイッチプレート
「高輪の住宅」2014
高橋堅建築設計事務所

218 スイッチプレート天板
「大豆戸町の家」2007
中山薫＋盛勝宣／FISH＋ARCHITECTS

220 彫り込まれた機能
「聖居」2007
椎名英三・祐子建築設計

222 スリット・スイッチ
「C-1」2005
グエナエル・ニコラ＋内海智行

224 おわりに
伊藤博之・川辺直哉・田井幹夫・松野 勉

227 写真クレジット

228 編著者略歴

※13頁以降の文末のアルファベットは執筆担当を示す。
(I)：伊藤博之
(K)：川辺直哉
(T)：田井幹夫
(M)：松野 勉

ブックデザイン：みなみゆみこ
本文レイアウト：玉井 佳

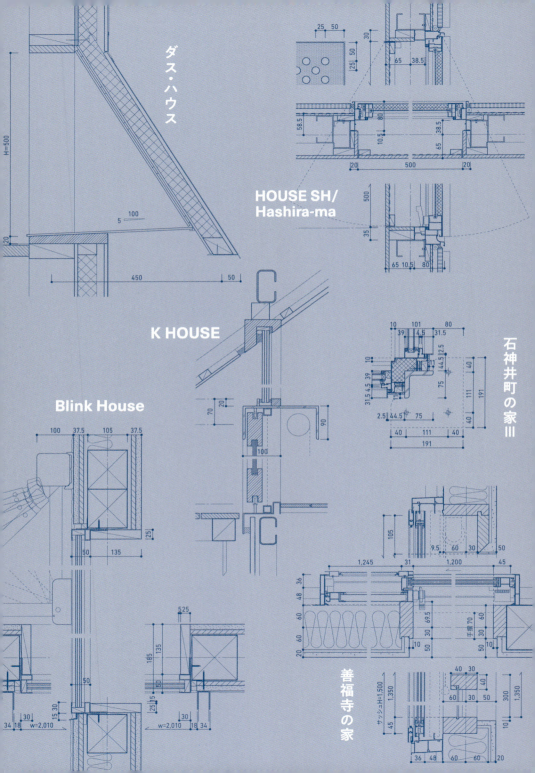

開口

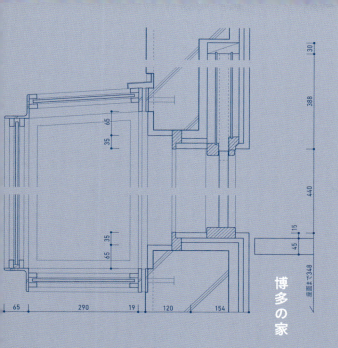

博多の家

S=1:10

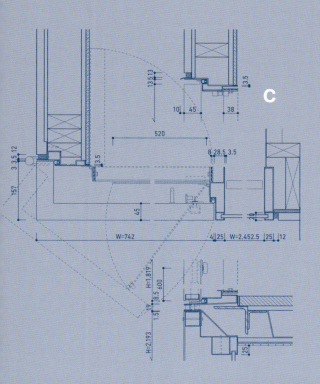

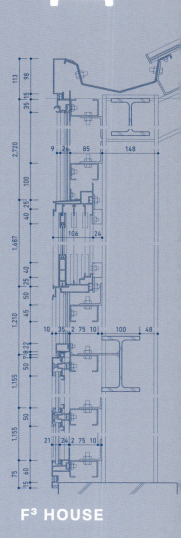

F³ HOUSE

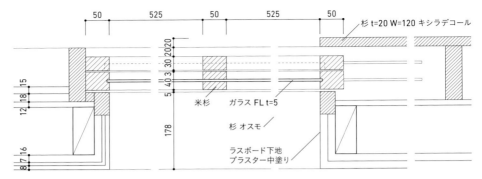

平面詳細　S＝1:8

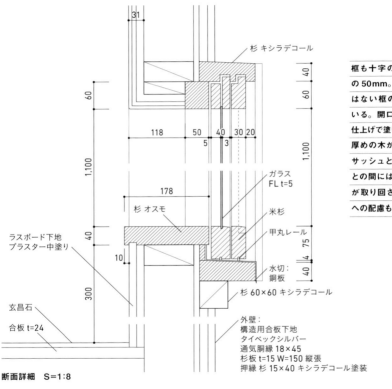

断面詳細　S＝1:8

框も十字の桟も同じ見付けの50mm。桟は、決して太くはない框の補強にもなっている。開口部の三方は左官仕上げで塗り回され、下台のみ厚めの木が用いられている。サッシュと三方左官仕上げとの間には再び50mm額縁が取り回されており、耐久性への配慮も抜かりがない。

開口 1	桟十字

杉下均建築工房「菰野の家」2018年

建具の框を室内から隠し、ガラス面だけを純粋に残そうとするところにあえて、桟を十字に組み込んでいる。十字の桟は、落ち着いたクラシカルな印象を強調しつつ、手掛けも兼ねていると思われ、機能でありながら装飾でもある。十字のモチーフは内部の扉にも繰り返されている。黒く沈んだ内部建具や床とあいまって、古典文学のような、懐かしさと新しさが同居する空間の要となっている。(M)

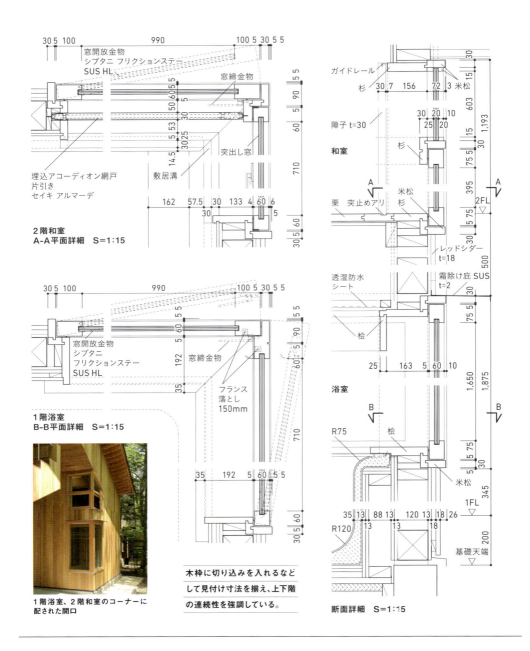

開口	
2	**2層同位置のコーナー開放**

横河健／横河設計工房 「KAZEN HOUSE・母の家」 2017年

コーナーを開放するという欲求は、設計者ならば誰しも一度は抱いたことがあるだろう。ここでは、機能の異なる2層でそれを実現している。杉や栗、米松、桧といったさまざまな材種を使用、枠や建具、カーテンボックスなどを一体的に制作し、各部位の機能を満たしている。角が抜けることで空間の留めがなくなり、内外部の連続性や身体的開放感が格段に高まる。(T)

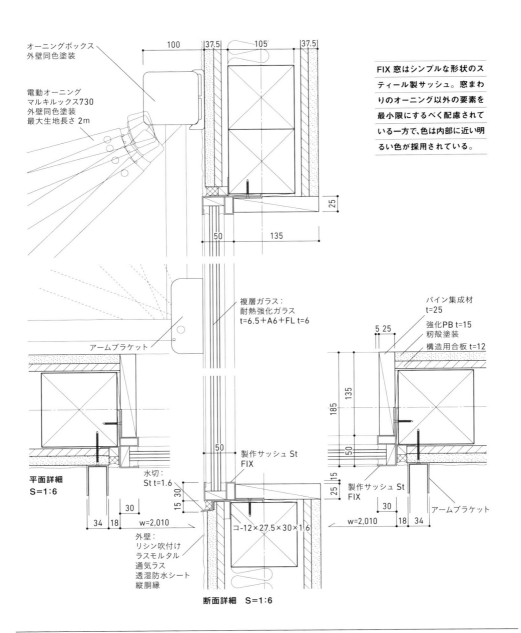

FIX窓はシンプルな形状のスティール製サッシュ。窓まわりのオーニング以外の要素を最小限にするべく配慮されている一方で、色は内部に近い明るい色が採用されている。

開口 3	まばたきする窓

松井亮建築都市設計事務所「Blink House」2015年

既製品は、先行する商品イメージが強いため、建築の表現としては扱いにくく、オリジナルなディテールが困難な電動品ではなおさらである。日射やプライバシーの調整に優れたオーニングが、色の調整というシンプルな操作で、建物表皮の一部として取り込まれている様は新鮮である。パッチリ開いたり、半開きで寝ぼけたようだったり、建物の目として、物を言う開口部が、愛すべき豊かな表情を街に向けている。(1)

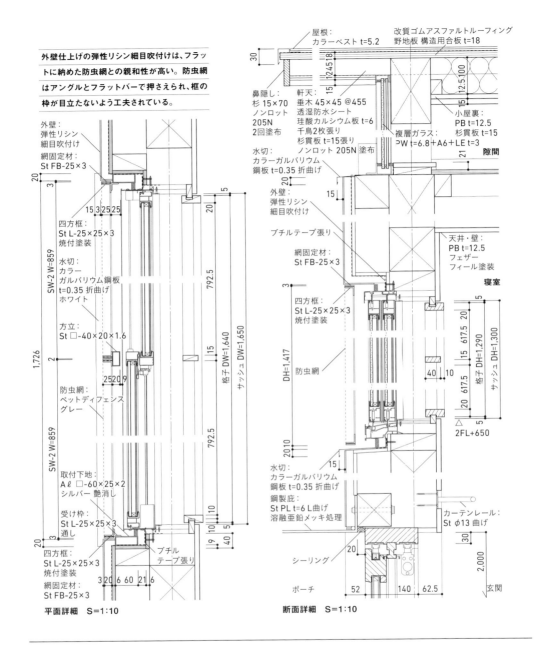

被膜としての固定網戸

開口 4

浅利幸男／ラブアーキテクチャー「阿佐ヶ谷の家」2014年

網戸はどうしてもその存在が気になるものだが、ここではあえて可動させず、外壁と連続して同じ面になるように肌理の細かな防虫網を固定している。外壁のテクスチャーと表層で同化し、開口だけに留まらず建物全体を包む柔らかな被膜のように見える。ファサードのスケールや階層が曖昧になり、被膜のない開口部と対比されることで2階建ての小さな建築にもかかわらず、おおらかな佇まいを生み出している。（K）

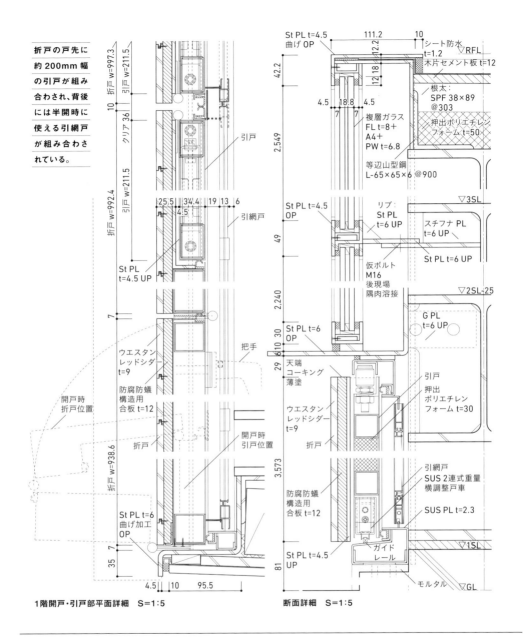

引戸と折戸のハイブリッド

三家大地建築設計事務所「川崎の住宅」2014年

透過性の高い建物ヴォリュームのおかげで明るくなった北側道路は、1階の大きな建具の適時の開閉によってこそ、生きた場所となる。最大限の開放性を得るため折戸が採用され、操作性と耐久性を高めるために、戸先に引戸が組み合わされた。一見、外観重視の派手な住宅のようにも見えかねないが、住まい手と公共空間としての道路のあり方について、推敲を重ねた真摯な姿勢がディテールに表れている。(1)

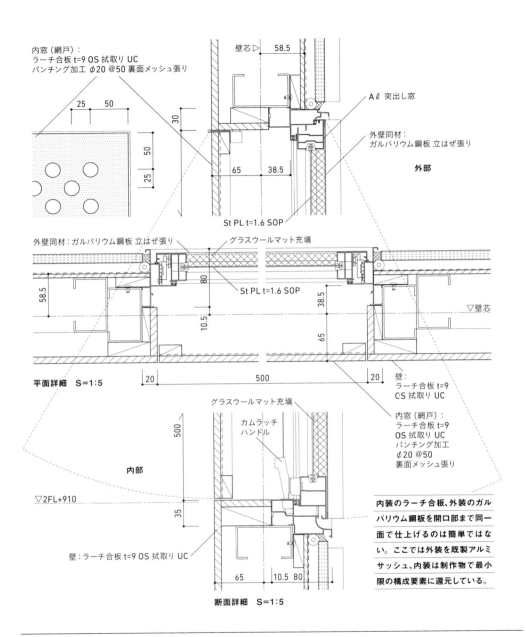

開口 6	換気する壁

赤松佳珠子／CAt 「HOUSE SH/Hashira-ma」 2013年

6本の極細の鉄骨柱と、極薄の壁による狭小住宅。とにかくそれ以外の要素を一切消すことで、窓外の都市空間も含め、さまざまな距離感を調停したと設計者は言う。そのため、換気窓ですら、壁面のラーチ合板をパンチング加工することでフラットで空間を阻害しないものに置き換えられた。裏面にメッシュを張り、網戸としても機能する、壁に仕込まれた開口の新たな表現である。（T）

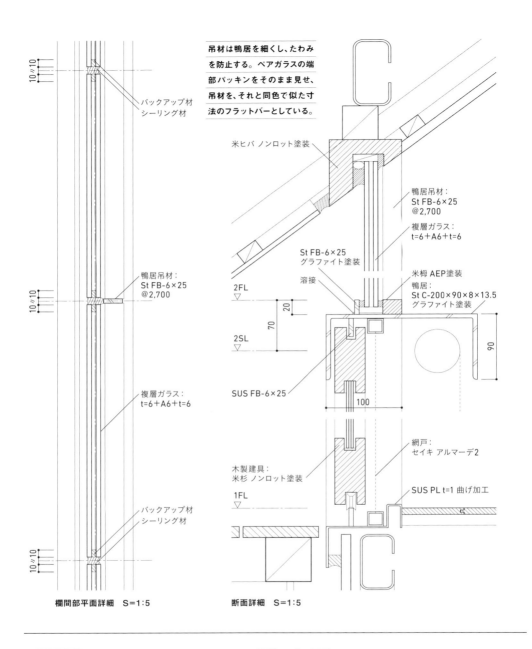

開口 7	スティールの吊鴨居

吉村昭範＋吉村真基／D.I.G Architects＋名和研二／なわけんジム「K HOUSE」2011年

大きなガラス面は、太いサッシュがかえって内外を分断してしまうこともよくあるが、ここではサッシュを室内の要素と対応させることで巧みに相対化し、多面体内部の連続性を保っている。鴨居の高さを2階床に合わせ、鴨居の吊材と手摺子の部材とピッチを近づけ、建具を木製として1階の壁仕上げと関連づけている。上部を細くできるスティール製とし、可動部をより軽い木製とするのは性能的にも理に適っている。(1)

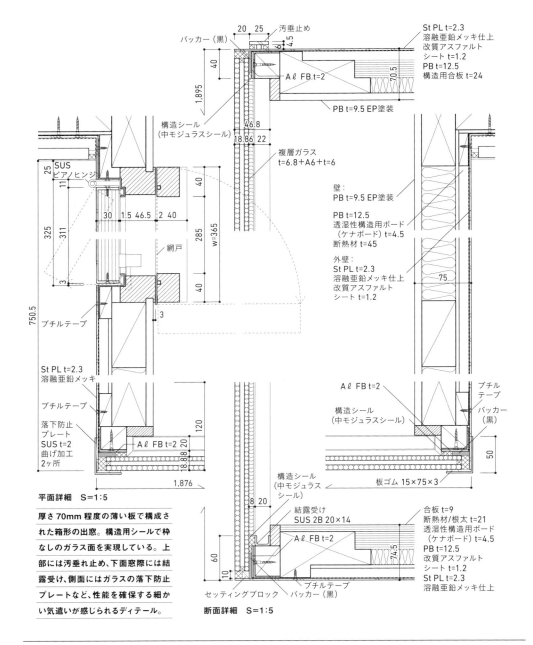

厚さ70mm程度の薄い板で構成された箱形の出窓。構造用シールで枠なしのガラス面を実現している。上部には汚垂れ止め、下面窓際には結露受け、側面にはガラスの落下防止プレートなど、性能を確保する細かい気遣いが感じられるディテール。

開口 8	鉄板の薄出窓

矢板建築設計研究所「八雲の家」2011年

シンプルな形態の住宅に、ニッチ状のテラスに面する窓、トップライト、棚を照らす天窓など、さまざまな工夫を凝らした開口が空間的豊かさを与えている。この出窓も、木製の下地で突き出したうえ、仕上げとして溶融亜鉛メッキの鉄板で包み込み、鉄板の小口以外はガラス面として極めてモノリシックな表現が実現している。最小限のガラス落下防止用のプレートも安心感を与えている。（T）

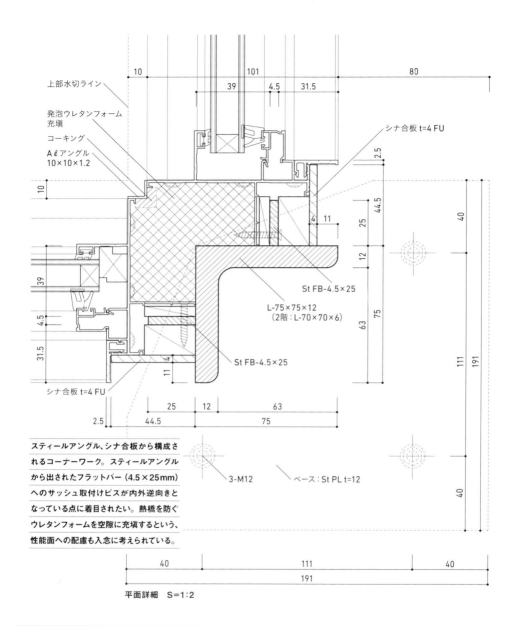

平面詳細　S=1:2

スティールアングル、シナ合板から構成されるコーナーワーク。スティールアングルから出されたフラットバー（4.5×25mm）へのサッシ取付けビスが内外逆向きとなっている点に着目されたい。熱橋を防ぐウレタンフォームを空隙に充塡するという、性能面への配慮も入念に考えられている。

開口 9　既製サッシとアングルコーナー

高野保光／遊空間設計室「石神井町の家Ⅲ」2011年

アルミサッシュの既製コーナー方立ての野暮ったさを避けるディテール。スティールアングルを用いシャープに見せることは思いつくが、住宅用サッシュを用いたうえに、取付け方の手順まで考え抜くことは誰にでもできることではない。一見、何もやっていないように見えるが、この他にも、サッシュの方立て部を化粧柱で隠すなど、開口部まわりへの執拗な意志を見て取ることができる。(M)

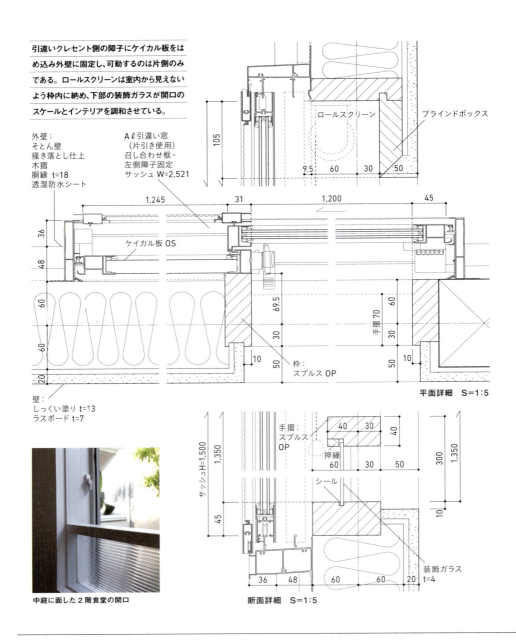

消されたアルミサッシュ

開口 10

堀部安嗣建築設計事務所「善福寺の家」2011年

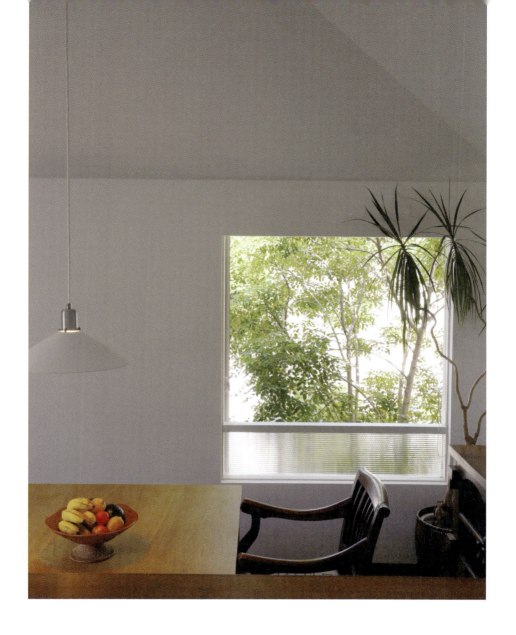

コストや性能確保からアルミサッシュを用いることは多いが、この事例はアルミサッシュの片側障子を固定し、開口部の意匠に組み込んだ好例である。サッシュの中でも引違い形式は最も流通しているが、ここでは可動部位としての機能性を生かしながら、見せる範囲を枠の納まりで制御している。さらに室内側には装飾ガラスが加わり、風景を縁取るフレームとして昇華している。（K）

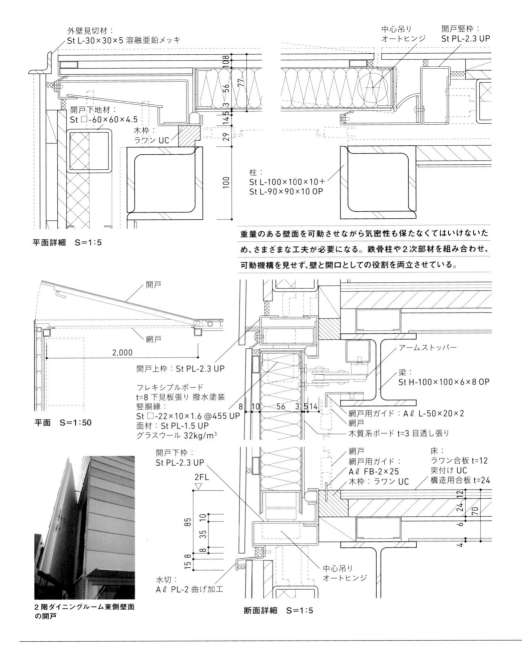

2階ダイニングルーム東側壁面の開戸

| 開口 11 | **開く壁** |

畝森泰行建築設計事務所「Small House」2010年

一般に、壁と建具は別の要素として扱われることが多いが、この住宅ではその区別がなく、壁自体が動いてそのまま開口部として機能している。開かれた隙間から垣間見える外部は、建具の開口を介した室内と外部の関係とは異なる。さえぎる枠や手摺がないので、街の風景がそのまま流れ込んでくるようである。「開く」という状態にはさまざまな形式が考えられ、その可能性は多様であると気付かされる。（K）

引手は、型材をカットし、プレートと溶接のうえ、焼入れしてつくられている。天井の鍛鉄のカーテンレールと同様に、存在感のあるディテール。

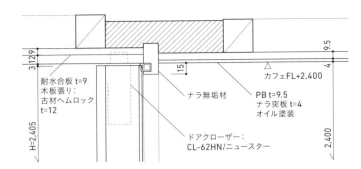

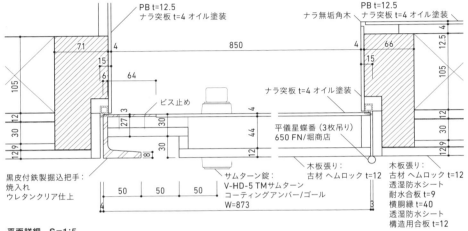

平面詳細　S=1:5

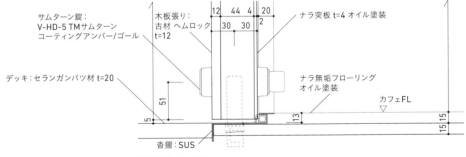

断面詳細　S=1:5

開口 12	# 壁ときどき扉

山口誠デザイン「秋山のカフェ／住宅」2010年

全開になっているガラス引戸の横には、前室付きの木製扉があって、出入りできる対照的な二つの建具が並んでいる。普段は主張しすぎず、一方でそこから出入りするときには入口の構えを持ちうるよう、ここでは黒皮付鉄の通しの引手が制作されたように思える。季節によって変化する庭木のように、使い手の視線と関わり方によって、建物の境界面である建具の様相に振れ幅が与えられた。（1）

シャープに見せるために極力見える要素を減らしているが、空間そのものは曲面天井や漆喰仕上げで柔らかさを持つ。開口部のエッジが柔らかく角を取っているところにその空間性が反映されている。突き付ける框同士を双方欠き込み、気密性を高めている。

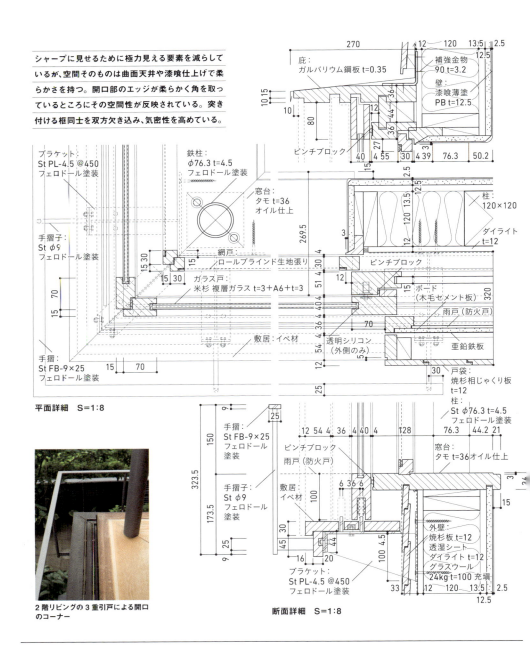

2階リビングの3重引戸による開口のコーナー

コーナーの3重引込戸

開口 13

手嶋保建築事務所「東府中の家」2010年

建具の枠や網戸、ブラインドなど機能的要素を極力消して、壁に穿たれた単なる穴のように見せるのは非常に難しい。加えてコーナーを建具同士の突き付けで納めるとなると難易度はさらに上がる。ここでは敷居と上レールを開口より上下させ閉時は建具の框を消すと共に、開放時は雨戸、ガラス戸、網戸という3重の引戸がすべて戸袋に収納され、縁側のように人を引き寄せる場が生まれている。(T)

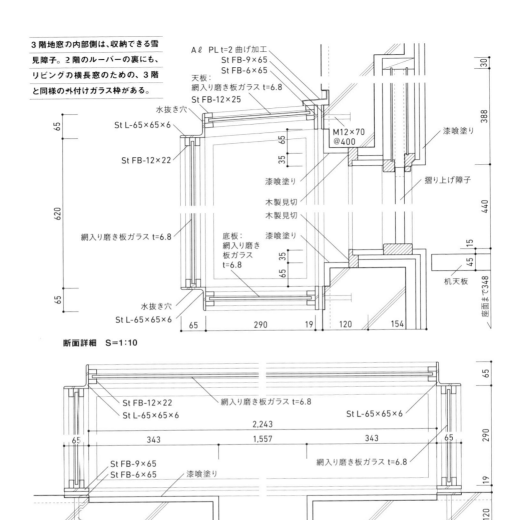

開口 14	**枠をなくすための枠**
	岸和郎＋K.ASSOCIATES／Architects「博多の家」2008年

この住宅では、金属枠が内部から見えないよう配慮され、坪庭の景色やルーバーで調整された周囲の緑が鮮やかに飛び込んでくる。この風景との距離感、あるいは外部と共にある感覚が、つくり手が目指したという、日本的な空間の一側面であろうか。これらの窓のうち、3階地窓のための外付けスティール枠が立面に現れ、内部の質をかすかに暗示しつつ、外観の特徴になっている。（1）

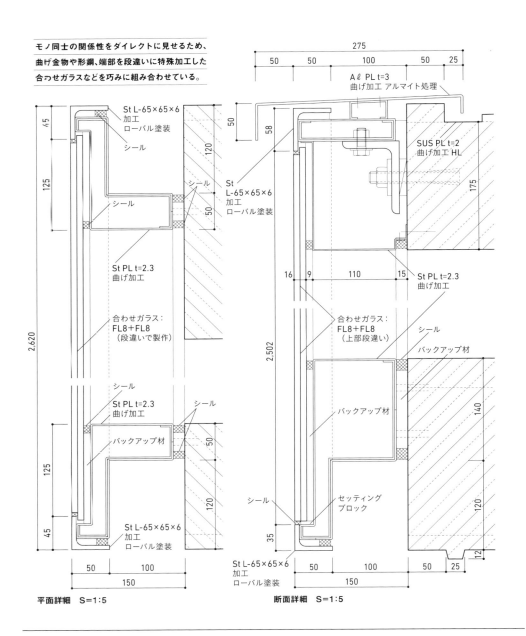

躯体の切断面としての開口

鈴木了二建築計画事務所「物質試行 48　NFFLATS　西麻布の住宅」2006年

ここではマッスから突き出たコンクリートの箱が、敷地境界近くで切断されたものとして開口部が存在する。切断面にはガラスが、あたかも張り付けられたように、曲げ加工されたスティールプレートと形鋼でコンクリート小口に押さえ付けられている。これによって、素材そのもののあり方や関係性は象徴的な表現となり、建築全体が住宅を超えた抽象性を獲得している。(T)

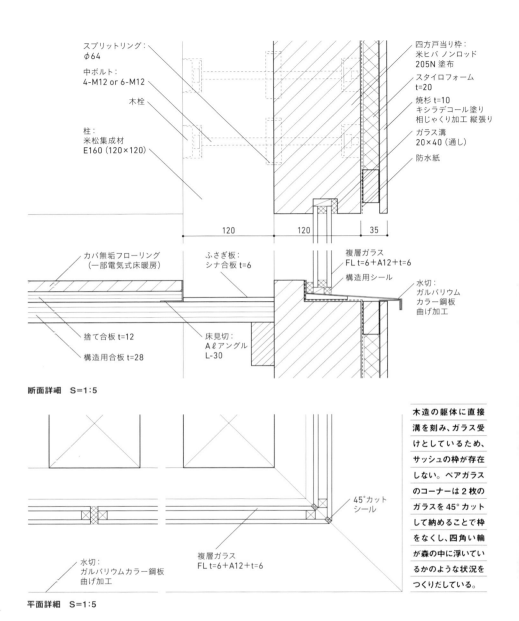

開口 16	**構造にはまるガラス**
	武井誠＋鍋島千恵／TNA「輪の家」2006年

ブレースや耐力壁のない構造という大技も用いながら、構造、サッシュ、内壁仕上げ、外壁仕上げ、それぞれの要素を一体化することで、相互に溶け合った状態を生み出し、この建築の主題である輪の構成を実現している。構造体の挙動、ガラスのクリアランスなどの多岐にわたる検討と検証の成果と思われ、エンジニアリングと美学を司る建築ならではの醍醐味がある。(M)

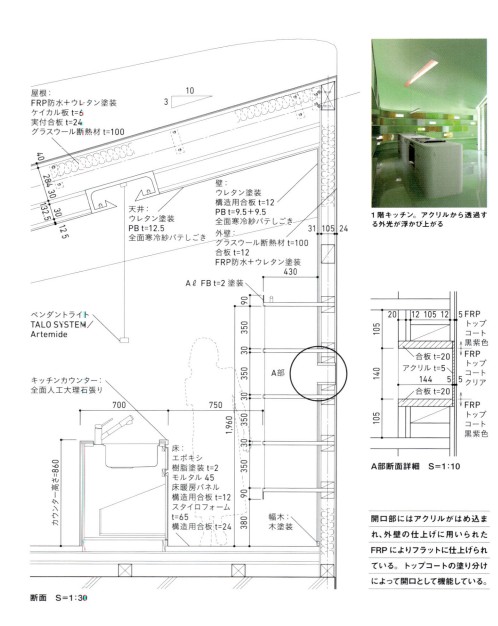

1階キッチン。アクリルから透過する外光が浮かび上がる

A部断面詳細 S=1:10

断面 S=1:30

開口部にはアクリルがはめ込まれ、外壁の仕上げに用いられたFRPによりフラットに仕上げられている。トップコートの塗り分けによって開口として機能している。

| 開口 17 | ## シームレス開口 |

寺田尚樹＋テラダデザイン一級建築士事務所「所沢 stomach」2006年

この住宅の外壁面は途切れることなくシームレスに連続している。それは採光のための開口部の扱いにもおよび、アクリルがはめ込まれFRPのトップコートで艶やかに仕上げられた開口が、室内では縁のない光の面として現れ、外壁面とは異なる表情を見せる。ディテールを消すことによって、開口部が抽象化され、透過する光そのものがマテリアルとして仕立てられている。（K）

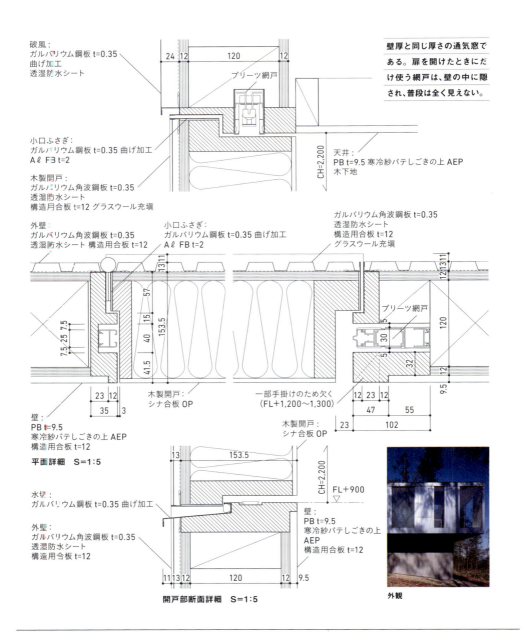

開口 18	森を取捨する壁
	千葉学建築計画事務所「八ヶ岳の別荘」2004年

通常、一つの装置でなされる採光と換気が、ここではどちらも互いを損なわないかたちに純化され、別々のネットワークとして配置されている。壁の一部が開き、木々のそよぐ音が聞こえてくるとき、この住宅の特徴である、回廊によってずらされた視覚と運動に、聴覚のレイヤーが重なり、知覚される距離感はさらに多彩さを増す。森そのもののような五感を動員する経験が、極めて単純な形式から生まれている。(1)

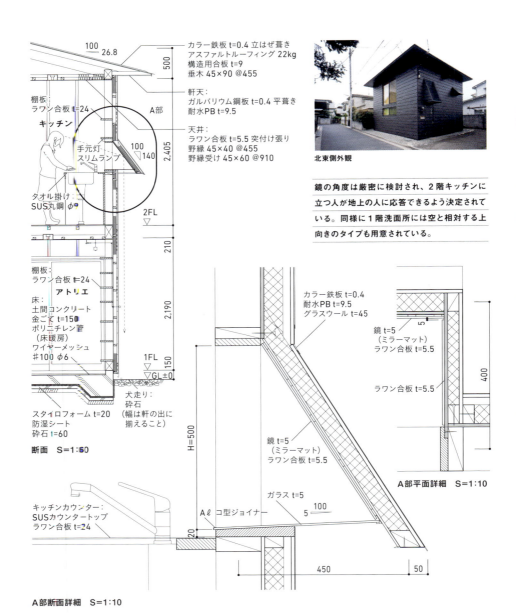

鏡の角度は厳密に検討され、2階キッチンに立つ人が地上の人に応答できるよう決定されている。同様に1階洗面所には空と相対する上向きのタイプも用意されている。

開口 19	**出す窓**
	アトリエ・ワン「ダス・ハウス」2002年

2階キッチンから地面が見えるように鏡をしつらえた換気扇フードのような出窓。ダス（Das:Deep and Shallow）・ハウスという名の通り、深さや浅さを意識化させるテーマのもと、行為と風景をつなぐ役割として存在する窓である。この不思議な装置が日常生活の中にさりげなく差し込まれることで、内外相互から異化された風景を与えてくれる。単純な操作が、生活に喜びと驚きを生み出している。(T)

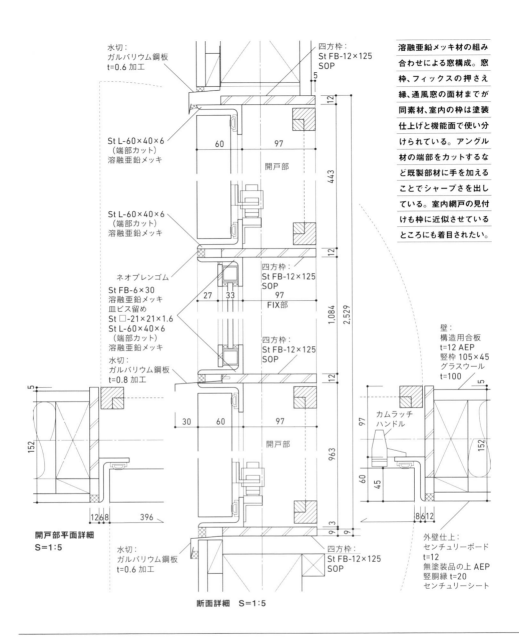

開口 20	光と風の縦スリット
	北山恒＋architecture WORKSHOP「T・N-HOUSE」2000年

開口部には2種類ある。光の道と風の道である。一般に、光と風を一つの道に通そうとすると、可動部のために枠が大きくなる。ここでは、光の道と風の道を分けることで、フィックス窓の枠見付けが小さくなり、縦にひとまとまりの窓となった。構造的には、木造に軽量鉄骨を組み合わせることで、ローコストであることがミニマルな表現と結びついた建築を実現している。(M)

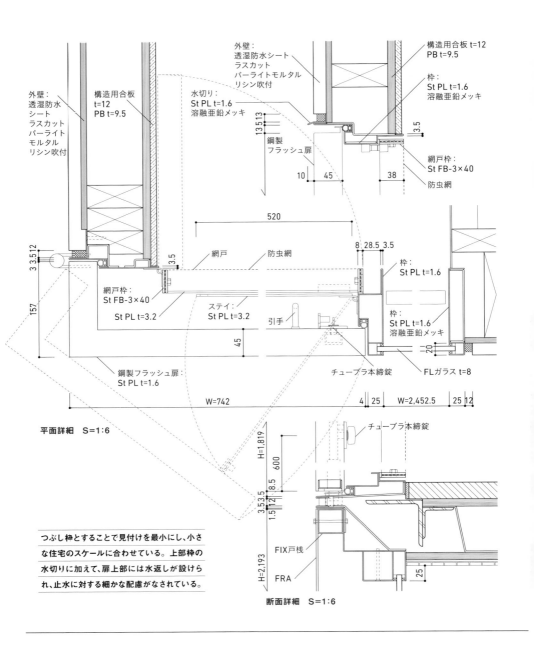

つぶし枠とすることで見付けを最小にし、小さな住宅のスケールに合わせている。上部枠の水切りに加えて、扉上部には水返しが設けられ、止水に対する細かな配慮がなされている。

開口 21 L字形スティール窓

青木淳建築計画事務所「C」2000年

小住宅の各室の小ささに対応するよう、開口まわりに細心の注意が払われている。25mmのはめ殺しガラス枠は、室に最大限の広がりを与え、3mmのつぶし枠によって、換気窓と出入り扉は、壁の一部として扱われた。これらは建物角でL字形となり、扉の横に壁が枠のように残るのを避け、立面の正面性を和らげている。側面が意識されることで、この住宅の不思議な平面が暗示されるようである。(1)

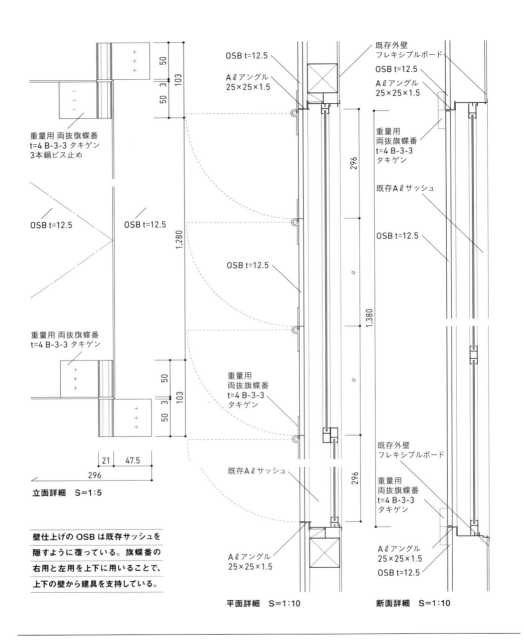

OSBの大判ルーバー

開口 22

納谷新「s-tube」1999年

この改修では、外壁やサッシュなどの既存部と、新規の内装が対比的に扱われている。既存内装との関係を理解すれば、ややゴツくも思える金物が、下地なしに建具と壁仕上げのOSBをつないでいるのは、内装材がより自律的に空間を包むための選択であることに合点がいく。扉とルーバーの中間サイズの寸法も、使い勝手からだけでなく、板の素材感を生かすためにも効果的だ。(1)

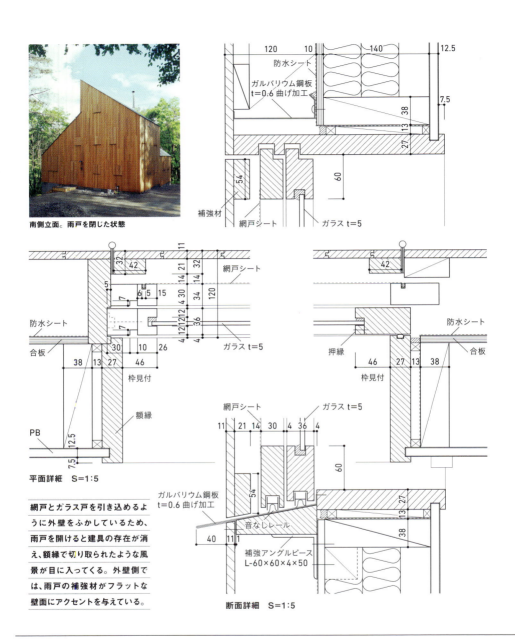

南側立面。雨戸を閉じた状態

平面詳紙 S＝1:5

断面詳細 S＝1:5

網戸とガラス戸を引き込めるように外壁をふかしているため、雨戸を開けると建具の存在が消え、額縁で切り取られたような風景が目に入ってくる。外壁側では、雨戸の補強材がフラットな壁面にアクセントを与えている。

| 開口 23 | ## 二つの表情を持つ雨戸 |

沖周治／沖アトリエ「VILLA DARIA 明野の山の家」1998年

閉じると、同素材で仕上げた外壁と同じ面に納まり存在感が薄れ、開けると室内側の面や枠が外部に現れ、開口部の存在が拡張される。雨戸という機能と装飾の置換が、外壁の境界面に現れているのが興味深い。建築の中で可動する部位は限られているが、ここでは開閉する建具の効果を最大限に生かし、変化する周囲の自然環境の中でも豊かな表情をつくりだしている。（K）

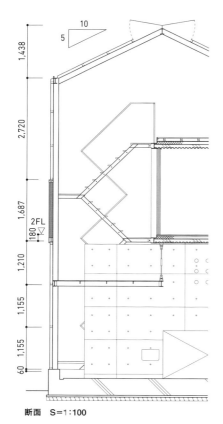

断面 S=1:100

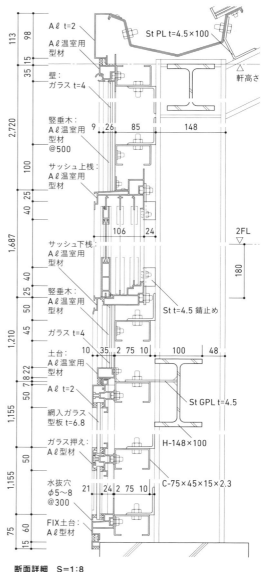

断面詳細 S=1:8

ファサードのサッシュ割付を、温室部材等の既製品を用いて構成している。既製品の上下の取り合い部分を、入念な納まりの調整によって、究極的に小さな寸法で納めている。安価な農業用部材であっても懇切丁寧に扱うことで、既製品を構成するというこの建築の主題を実現している。

開口 24	# レディメイド・コンポジション

北山恒＋architecture WORKSHOP「F³ HOUSE」1995年

最小規模の住機能をガラスの温室で覆うという、自由な概念に支えられた建築。4層に分かれているうち、二つは華奢な部材のフィックス窓、中間層に3本引きのアルミサッシュ、最下部はアルミフラットバーの外押縁によって構成されている。構造スパンに対するサッシュ割は各層によって異なり、既製品の組合せが建築に統合され、一見シンプルでありながら多様性を持つファサードとなっている。(M)

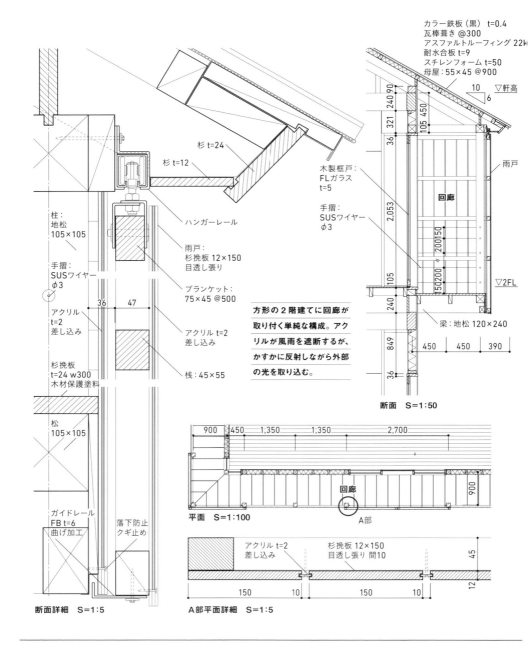

開口 25	**隙間アクリル**
	内藤廣建築設計事務所「住居 No.14　筑波・黒の家」1993年

この両義的な回廊は、雨戸と外壁の狭間にあって、建物側は着彩されるが、雨戸の内側は居室と同様に無着色。雨戸の上下は通気を許す一方、羽目板の隙間のアクリルは、空気を遮断するだけでなく、その少なからざる手仕事の跡は、居室以上の親密さをも生む。内外の中間といういわば一般的な主題が、熱／光環境を含んだ総合的な状況として追求されることで、極めて固有の場となった。（1）

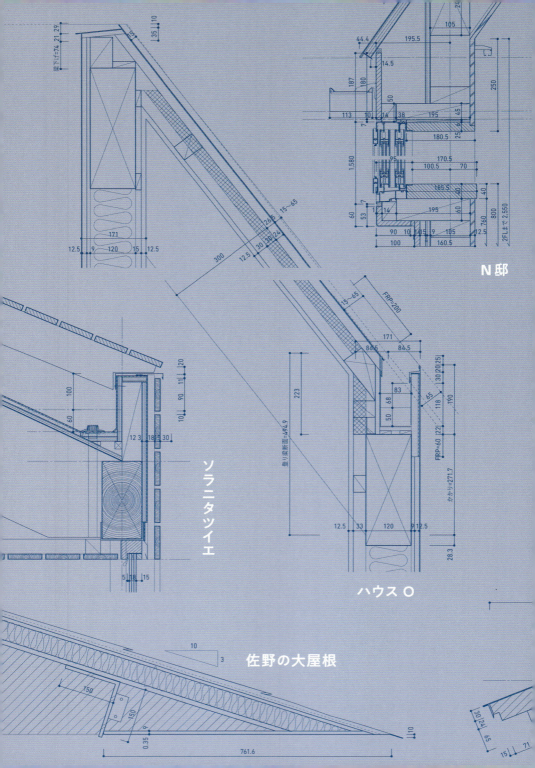

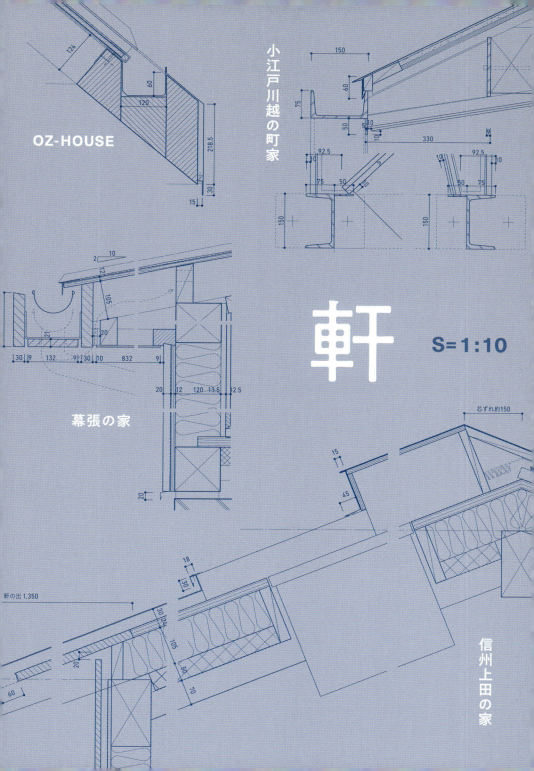

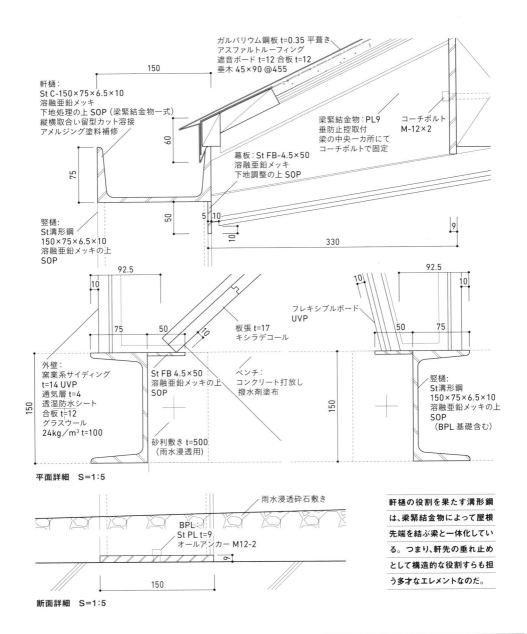

平面詳細 S=1:5

断面詳細 S=1:5

軒樋の役割を果たす溝形鋼は、梁緊結金物によって屋根先端を結ぶ梁と一体化している。つまり、軒先の垂れ止めとして構造的な役割すらも担う多才なエレメントなのだ。

軒 1

屋根を支える軒先樋

鹿嶌信哉＋佐藤文／K+Sアーキテクツ「小江戸川越の町家」2016年

軒先と軒樋を一体化し、溝形鋼の側面を軒先の厚さとして見せることで、シンプルさを獲得している。両サイドでは垂直に立ち下げ竪樋の役割も果たす。土間を覆う屋根は本体から突き出た下屋のようでもあり、その先端に取り付けられた門形の軒樋兼竪樋は、屋根先端を支える構造でもある。引戸を収納することで外部化する土間のゲートとして、象徴的に見える独創的な解決策である。(T)

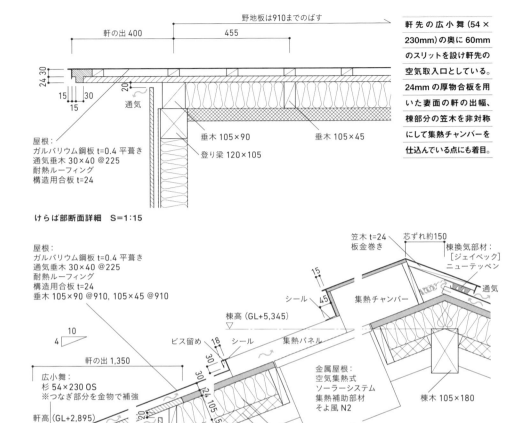

呼吸する軒先

堀部安嗣建築設計事務所「信州上田の家」2016年

季節により温度差が大きい内陸型気候に対して、屋根を室内の熱環境に寄与する系として扱った平屋建て住宅。広小舞を平使いとし軒先の剛性を高めながら薄く見せ、軒裏の仕上げ面と広小舞の下面を同面にして、間に設けたスリットから屋根面への給気を行う。軒先をシャープに見せながら、機能を確保し、質実剛健でありつつ、洗練されている。木造の軒先構成として規準としたいディテールである。(M)

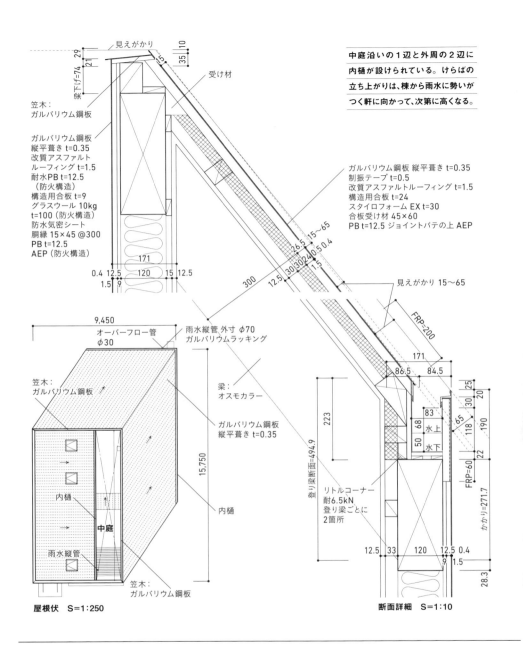

見えない内樋

軒 3

乾久美子建築設計事務所「ハウスO」2015年

内樋とけらばから雨水を垂らさない、この実践的な問題解決のため、屋根をけらばに沿って斜めに葺き、軒先とけらばをわずかに立ち上げている。これによって屋根面にこの建物の成り立ちである「影」が暗示されるばかりか、内樋が外から見えなくなり、建物エッジが際立ち、わずかにバラついた建物の各面が個別の表情を帯びてくる。機能的な信頼性と、よりクリアな表現が同時に実現している。（1）

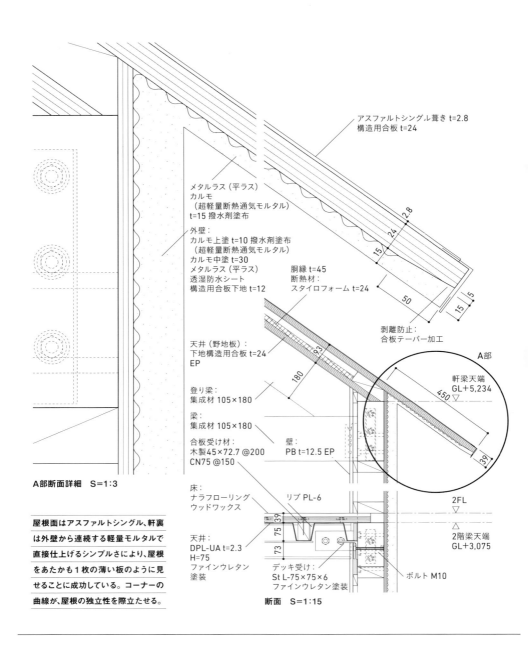

A部断面詳細　S＝1:3

断面　S＝1:15

屋根面はアスファルトシングル、軒裏は外壁から連続する軽量モルタルで直接仕上げるシンプルさにより、屋根をあたかも1枚の薄い板のように見せることに成功している。コーナーの曲線が、屋根の独立性を際立たせる。

軒 4　外壁軒裏同仕上げ

木村松本建築設計事務所「Nの住宅地の住宅」2014年

分譲住宅地における住宅の建ち方を丁寧に読み解いていった先に、配置とスケール感によって現代性を再構築しようという試み。「外壁軒裏同仕上げ」は周辺の初期分譲住宅の特徴であり、今回は「薄さ」に現代性を表明したと設計者は言う。軒裏にこの地域の慣例的な素材の使い方をしつつ、軒先にその厚みを見せ、コーナーを丸くすることで、シャープさとかわいらしさを獲得している。（T）

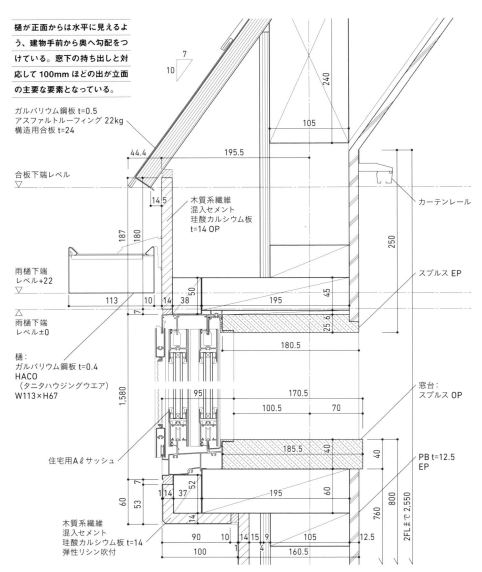

断面詳細　S=1:5

| 軒 5 | **立面を決める樋** |

村山徹＋加藤亜矢子／ムトカ建築事務所「N邸」2013年

建物のクリアな印象に比べて、拍子抜けするほど自然な納まりに見える。輪郭線を単純にするディテール操作のかわりに、既製品の慎重な選択とその配置により、樋を屋根と壁の両方に関連づけ、小さな軒の出を屋根の一部のような、コーニスのような独特な表情に変えている。物を幾何学に押し込むのでも、既製品をアドホックに並べるのでもないところにこそ、建築の可能性があることを伝えている。（1）

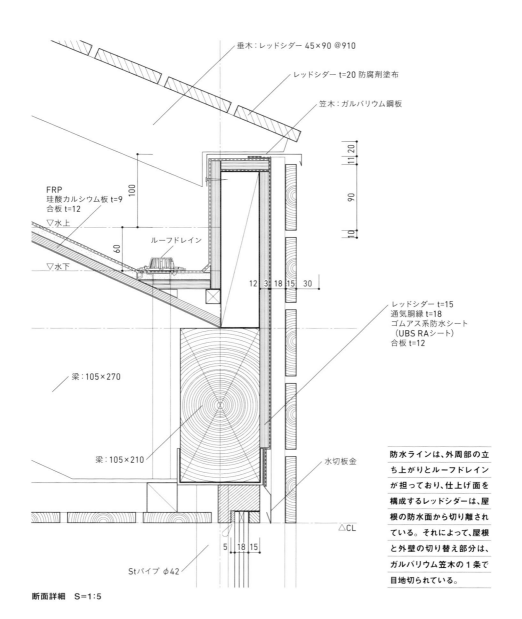

断面詳細　S=1:5

軒 6　屋根と壁を包む木仕上げ

岸本和彦／acaa「ソラニタツイエ」2012年

屋根と外壁を同素材でつくりたい、それも木で。外壁は通気胴縁とゴムアスファルト系防水シート、屋根はFRP防水とその防水面から浮いたかたちで設置されたレッドシダー目透かし張り。いずれも防水の性能を上げ、水に接していると腐朽しやすい木材の表裏に空気層をとることで、シャープな納まりを実現している。このディテール処理により、同素材でつくるソリッドなヴォリュームが際立つ結果を得ている。（M）

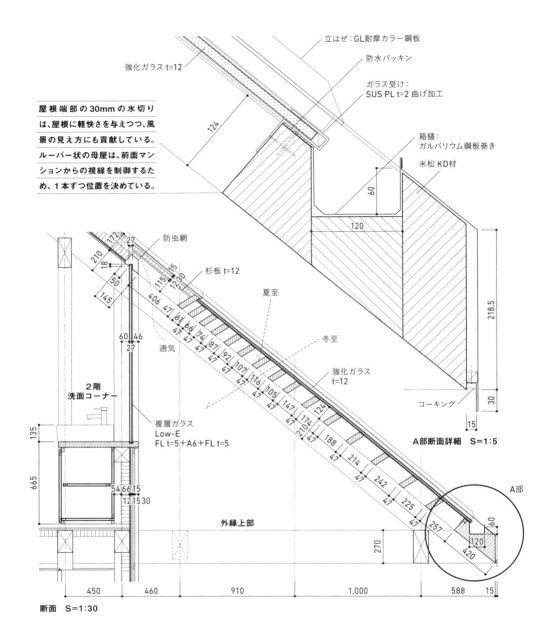

軒 7 木塊に隠された内樋

向山徹建築設計事務所「OZ-HOUSE」2012年

縁側の屋根は一部が不規則に並べられたルーバー状のトップライトになっているが、そこに樋の姿は見当たらない。さらに構造材を露わにした懐のない軒の端部は、樋を内包することで、力強さと軽やかさという、相反する状態を共存させている。柔らかな光を透過しつつ屋根としての機能を満たし、木としての存在感が、周囲を囲まれた環境の中でも落ち着いたアウタースペースをつくりだしている。(K)

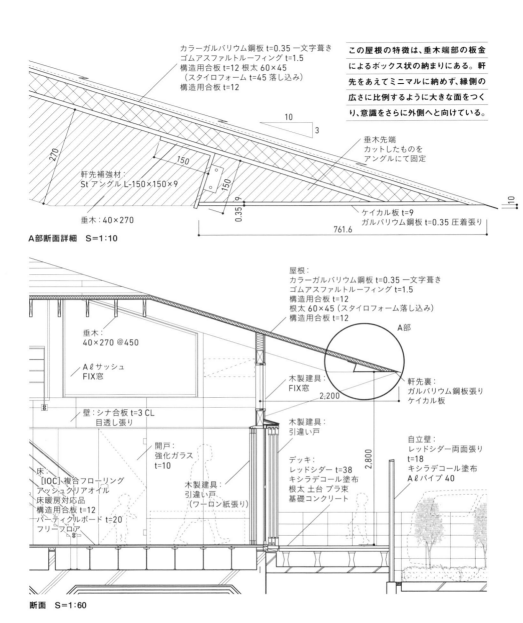

この屋根の特徴は、垂木端部の板金によるボックス状の納まりにある。軒先をあえてミニマルに納めず、縁側の広さに比例するように大きな面をつくり、意識をさらに外側へと向けている。

軒 8	人をまねく軒先
	アーキテクトカフェ・田井幹夫建築設計事務所「佐野の大屋根」2011年

力強い屋根構造（垂木）を室内から縁側へと連続的に可視化し、軒先はその垂木のスケールを受けるようにフラットな面で構成している。それは、周囲に広がる風景に対する屋根としての存在感と、人が集う場としてのスケールを共存させるために必要な操作である。室内外は動線としても連続的に扱われ、この軒先の操作によって建物周囲におおらかな空気感が漂い緩やかな境界が生まれている。（K）

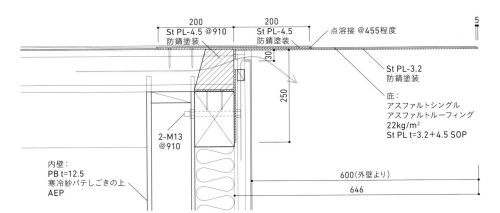

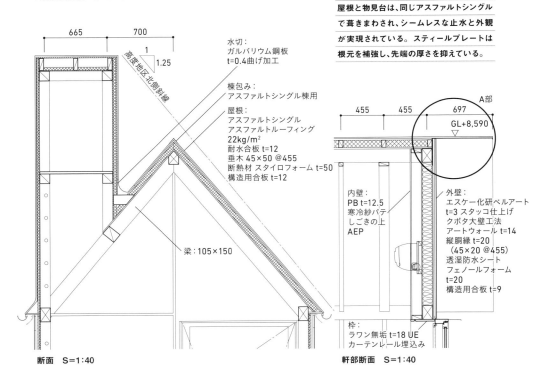

軒 9	# シングルラインの鉄板けらば
	アトリエ・ワン「スプリットまちや」2010年

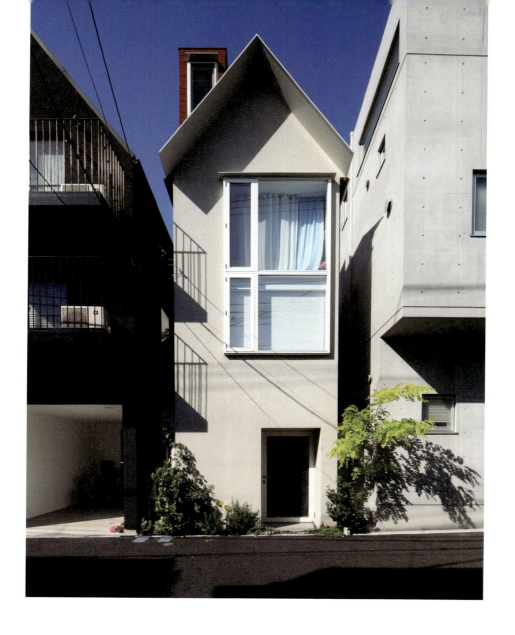

都市部では、その奥行きの短さから、積極的な表現にしにくいけらばは、この住宅においては、薄いだけでなく、下面は壁と共色で、上面は突き出した物見台と共材で仕上げられ、シャープな表情が与えられた。屋根の下面すなわち軒が、人の空間と建物の構えをつくり、屋根の上面が大きな景観をつくるという、屋根が本来持っている二つの対照的な都市的関与が、厚さをなくすことで、今日的かつクリアに提示された。（1）

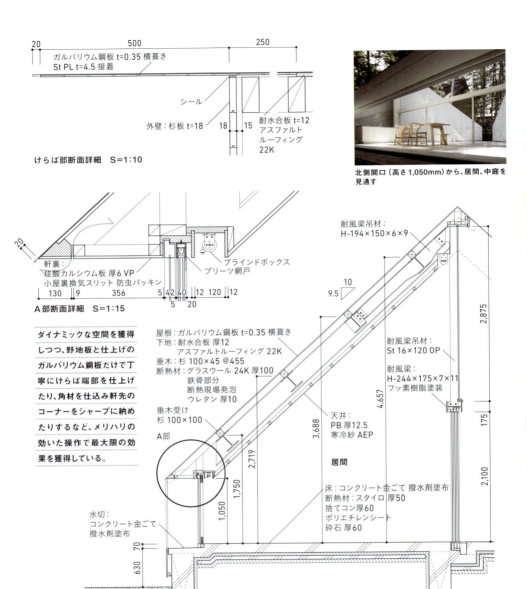

北側開口（高さ1,050mm）から、居間、中庭を見通す

ダイナミックな空間を獲得しつつ、野地板と仕上げのガルバリウム鋼板だけで丁寧にけらば端部を仕上げたり、角材を仕込み軒先のコーナーをシャープに納めたりするなど、メリハリの効いた操作で最大限の効果を獲得している。

軒
10

自律した屋根のエッジ

生田京子建築研究室 尾関建築設計事務所「Forest bath」2010年

屋根のエッジを極力薄く見せることは、さまざまな構成要素や性能を維持する難易度を上げることにつながる。しかし、ここでは空や木々と建物の接点を際立たせるために、けらばを極限まで薄くし、まるで折れた紙1枚が建物に被さったようである。重厚なH形鋼を構造としていながら、屋根版の中に隠し込み、屋根全体の輪郭は限りなく自律したものとして森の中に存在する。（T）

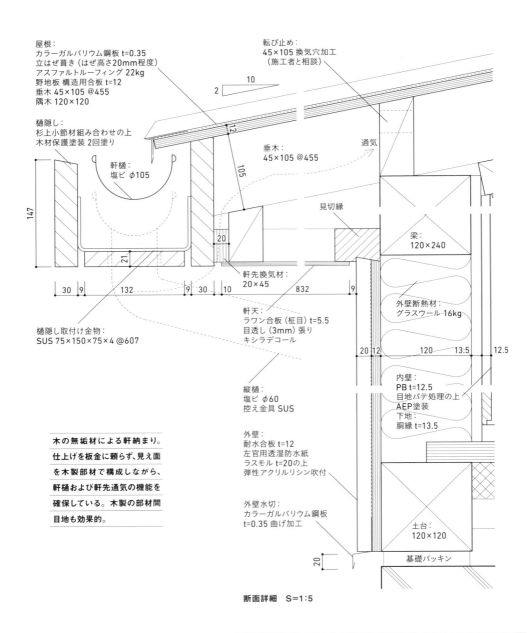

断面詳細　S=1:5

軒 11　一枚板のような屋根

有田佳生建築設計事務所「幕張の家」2005年

必要となる寸法を必要となるままに与えながら、強度と見えを考慮した部材寸法を素直に組み合わせる。組み合わせる際の形状の整理、目地の扱い、構成要素の処理が、ディテールに必然性を生む。一般的な部材を用いながら、寸法を慎重にコントロールすることで、軒先が屋根要素と一体化し、屋根と軒樋を一枚の板のようにまとめている。木製建具との呼応も美しい。（M）

屋根と壁を連続させることで、家形を強調させている。下地や防水は連続させてコーナーをつくるが、仕上げはアルミフラットバーを差し込み、切ることでエッジを際立たせている。

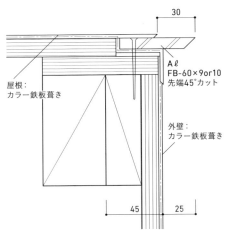

けらば部断面詳細　S=1:3

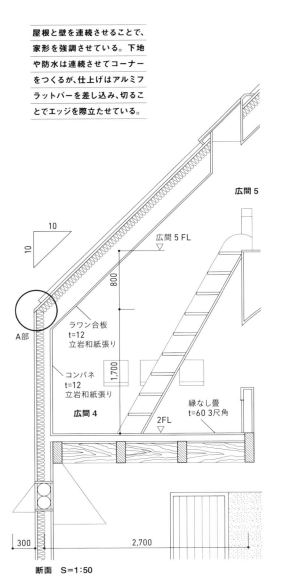

断面　S=1:50

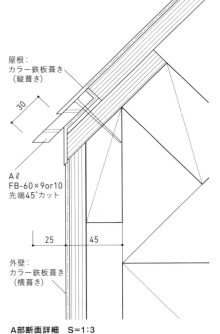

A部断面詳細　S=1:3

軒 12	**45°カットアルミエッジ**

川口通正建築研究所「依山楼」1992年

大自然の中に凛として佇む家形を、より存在感のあるものとして実現させるために屋根と壁を連続したものとしている。いわゆる軒先を壁面より出さずにコーナーとして処理するためには、金属の曲げ物などの役物を差し込み性能を保持するのが一般的だが、立はぜ葺きと横葺きを軒先で切り替え、45°カットのアルミフラットバーを差し込むことで、性能と表現を両立している。（T）

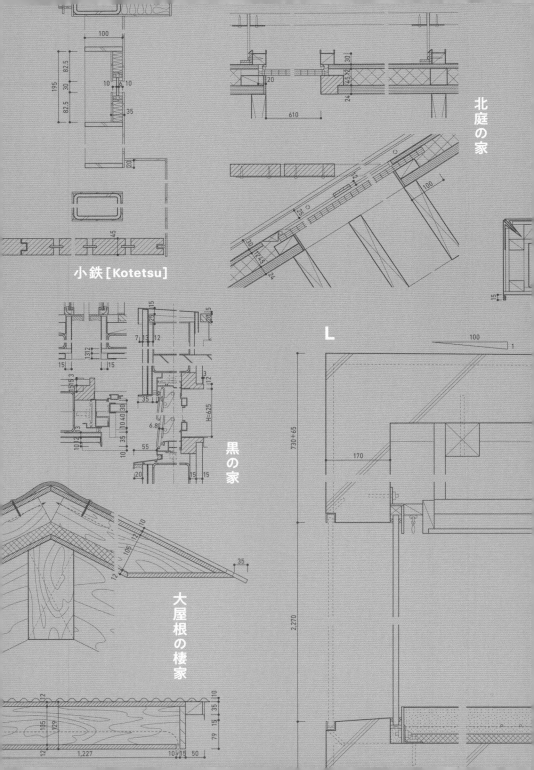

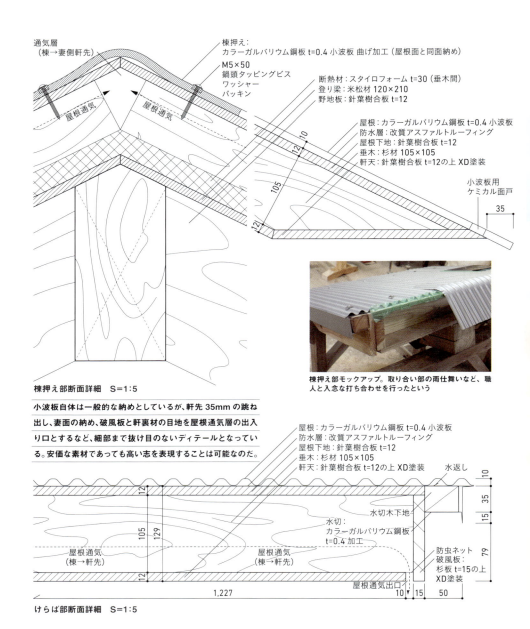

棟押え部断面詳細　S=1:5

小波板自体は一般的な納めとしているが、軒先35mmの跳ね出し、妻面の納め、破風板と軒裏材の目地を屋根通気層の出入り口とするなど、細部まで抜け目のないディテールとなっている。安価な素材であっても高い志を表現することは可能なのだ。

棟押え部モックアップ。取り合い部の雨仕舞いなど、職人と入念な打ち合わせを行ったという

けらば部断面詳細　S=1:5

屋根・外壁 1 小波曲げの棟笠木

松山建築設計室「大屋根の棲家」2016年

勾配屋根の工法として、ガルバリウム鋼板の小波板はもっとも安価な方法であろう。その小波板を極めてシンプルな大屋根全体に用いているのだが、波板が棟を覆っており、棟が見えない。それもそのはずで、棟は同じ小波板を曲げた笠木としているのだ。波板の棟笠木と屋根勾配の絶妙な合致がミニマルな屋根を実現させた。こうしたディテールが建築全体のミニマルさをさらに強調している。（M）

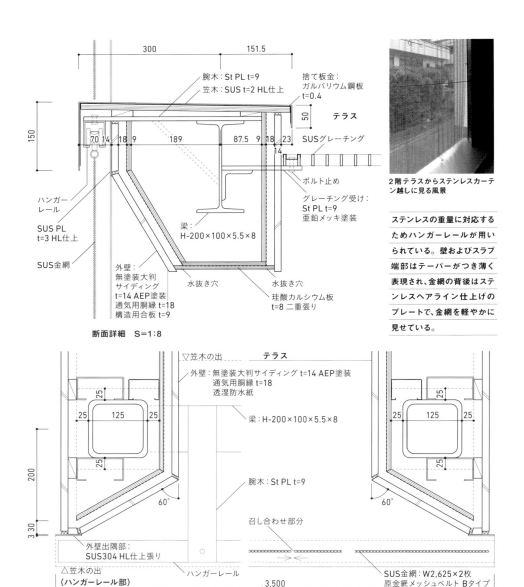

2階テラスからステンレスカーテン越しに見る風景

ステンレスの重量に対応するためハンガーレールが用いられている。壁およびスラブ端部はテーパーがつき薄く表現され、金網の背後はステンレスヘアライン仕上げのプレートで、金網を軽やかに見せている。

屋根・外壁 2	ステンレスカーテン

藤原・室 建築設計事務所「南田辺の家」2016年

ステンレスを編んだ被膜は、その重量感によって外部に対してプライバシーを保ちつつ、カーテンのように軽やかな質感をあわせもっている。境界面にあえて厚みと肌理のある金属のフィルターを介在させることにより、その先にある風景が抽象化され距離感が曖昧になる。波打つ金属皮膜は霞のように柔らかく、鎧のように強くも感じる。街と暮らしを隔てながらもつなぐ触媒となっている。(K)

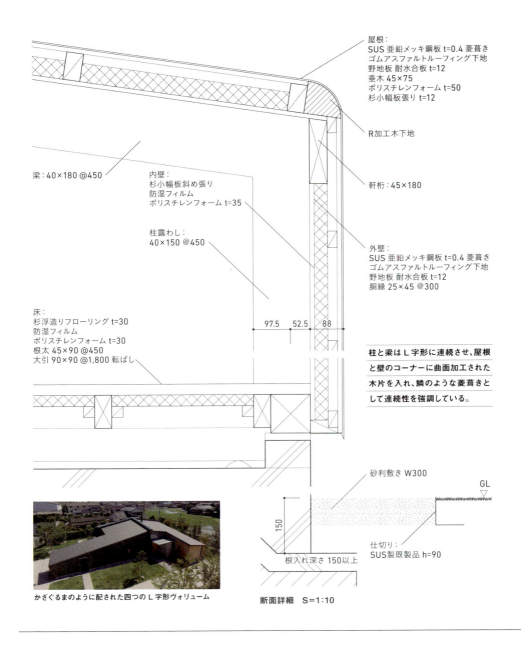

かざぐるまのように配された四つのL字形ヴォリューム

断面詳細 S=1:10

屋根・外壁 3 鱗に覆われたコーナー

末廣香織＋末廣宣子／NKSアーキテクツ「かざぐるまの家」2012年

　L字形の平面を四つ、かざぐるま状に組み合わせた平屋の住宅。四つのL字で囲まれた外部はそれぞれの風景や機能を与えられている。断面的には軒をつくらず、一体的に鱗に覆われたような屋根と壁にすることで、建物に方向性が生まれ、それが四つの羽となり回転運動を想起させる。壁に沿わせて地面に雨水を落とす方法が滑らかさを生み、機能からくる形状が、流動的な外形を生成している。(T)

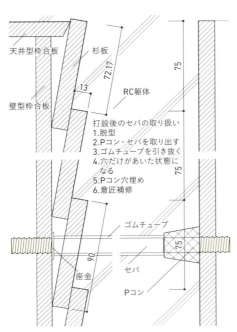

型枠詳細　S=1:3

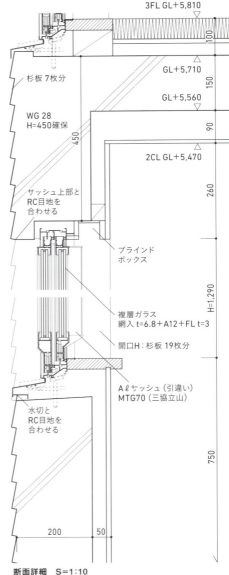

断面詳細　S=1:10

杉板の下見板状型枠を用いたコンクリート打放し壁。開口部のエッジ、階段の段板、コーナーの回り込み、笠木から地面との接点、さらに施工の手順にまで、建築物のありとあらゆる部分を整合させようという意志が読みとれる。

外部階段の蹴上寸法とも揃えられたピロティ部の外壁

屋根・外壁
4

質感による寸法制御

新関謙一郎／NIIZEKI STUDIO「KRJ」2012年

マッシブなヴォリュームの質感が特徴の建築。開口部のないモノリシックな塊と、そこに与えられた型枠による陰影のある凹凸。型枠の下見板の質感がそのまま本建築のモジュールとなり、階段や開口部の寸法が綿密に調整されている。施工プロセスを含む、事物に対する執拗な調律により、この建築を交響楽のように響かせている。コンクリート打放しの新たな境地。（M）

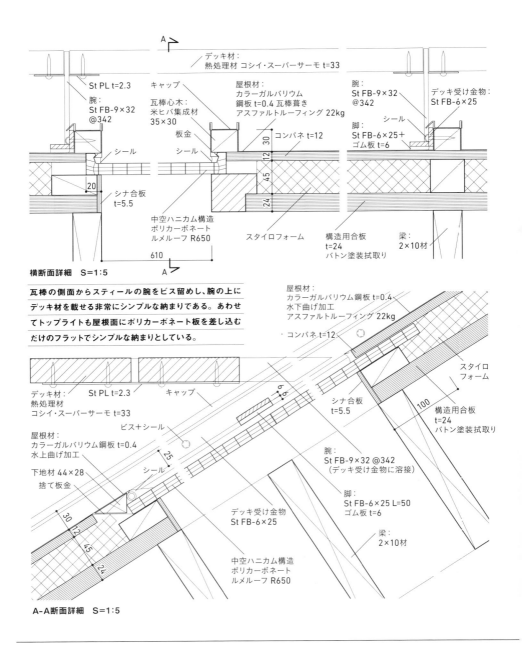

横断面詳細　S=1:5

瓦棒の側面からスティールの腕をビス留めし、腕の上にデッキ材を載せる非常にシンプルな納まりである。あわせてトップライトも屋根面にポリカーボネート板を差し込むだけのフラットでシンプルな納まりとしている。

A-A断面詳細　S=1:5

屋根・外壁 5　屋根を覆う観覧デッキ

三宅正浩／y+M design office「北庭の家」2010年

谷あいの豊かな自然に面して勾配のある屋根を計画したら、屋根上からその景色を眺めたいと思うのは自然なことだ。しかし、雨仕舞いのことを考えると、なかなか手を出しにくいのも事実である。屋根を葺く瓦棒を構造材と見立て、金物の腕でデッキ材を階段状に支持する方法はシンプルではあるが、応用のきく方法である。屋根全面にデッキを設け、もはや観覧席のための屋根である。（T）

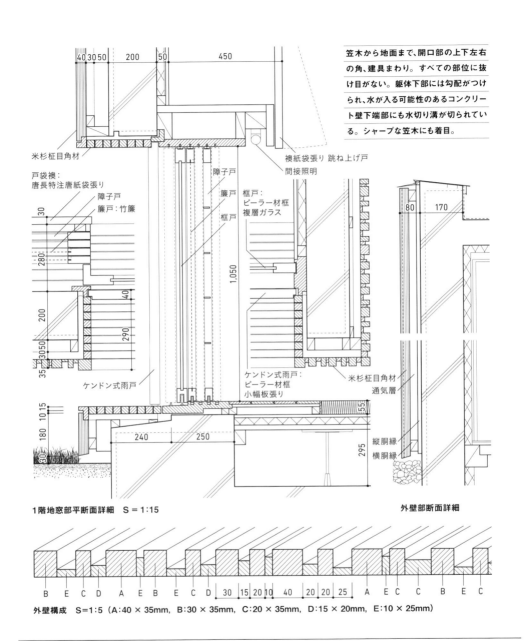

1階地窓部平断面詳細　S＝1:15　　　　　　　　　　　外壁部断面詳細

外壁構成　S=1:5（A:40×35mm, B:30×35mm, C:20×35mm, D:15×20mm, E:10×25mm）

屋根・外壁 6	# 小径部材組み合わせの塊
	新関謙一郎／NIIZEKI STUDIO「ZMZ」2010年

外壁のランダムに並べられた5種類の小径部材が目を引く。地窓の周囲は同じ素材を用いながらフラットな仕上げとしている。この開口部は大きな塊から切り取られた空気のヴォリュームなのである。取るに足らない部材でも、集め方、組み合わせ方で建築となる。そもそも建築自体、一般流通材を主に用いながら、世界に一つしかない特殊な場所を生み出すことなのだ。(M)

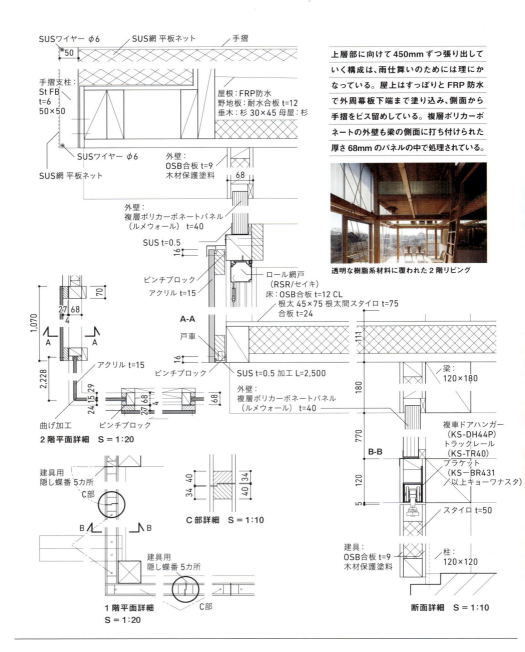

上層部に向けて450mmずつ張り出していく構成は、雨仕舞いのためには理にかなっている。屋上はすっぽりとFRP防水で外周幕板下端まで塗り込み、側面から手摺をビス留めしている。複層ポリカーボネートの外壁も梁の側面に打ち付けられた厚さ68mmのパネルの中で処理されている。

透明な樹脂系材料に覆われた2階リビング

屋根・外壁 7 樹脂板アセンブリー

飯田善彦「半居」2009年

120角の製材を主に構造材とし、それを軽やかに樹脂系材料で覆っただけの極めて原始的に見える住居である。外周は透明のアクリル、半透明の複層ポリカーボネートを上下で挟んだだけ、建具もアクリル板を框材に正面から打ち付け、上下の金物のレールを滑らせるだけである。既製品を使わず、実験的で即物的な材料の使い方によって、快適さとは何かをこの「居」は問いかけている。（T）

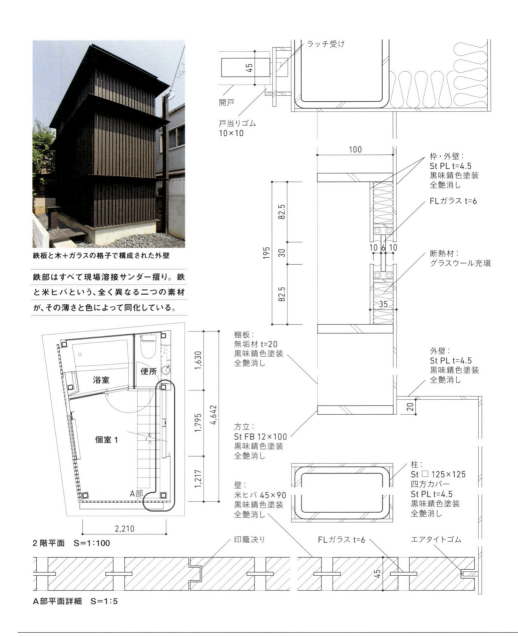

鉄板と木＋ガラスの格子で構成された外壁

鉄部はすべて現場溶接サンダー摺り。鉄と米ヒバという、全く異なる二つの素材が、その薄さと色によって同化している。

屋根・外壁 8

物質的な薄い境界

川口通正建築研究所「小鉄 [Kotetsu]」2007年

狭小住宅においては、大きな開口と共に、明るい抽象空間が目指されることが多い。しかしここでの開口は限定的で、共に黒色で表情のある錆塗装鉄板と木格子が室を覆い、入念な寸法設定によって、小空間は、薄くとも信頼できる素材に囲まれた居心地の良さを獲得している。側面中央のスリットは、光の効果のためだけでなく、鉄という素材の姿をその小口から明らかにする。（1）

スティールプレートによる水平ルーバーとサッシュが一体化されている。ルーバーの奥行きを利用してガラスと吊材で面剛性を獲得している。

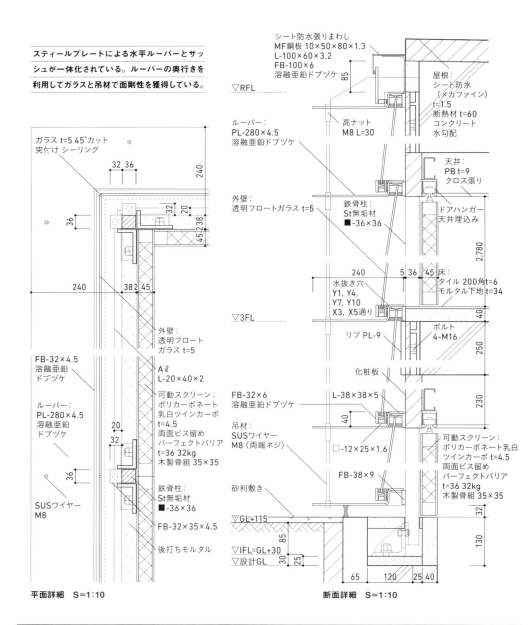

平面詳細　S=1:10

断面詳細　S=1:10

屋根・外壁 9　ルーバーが生む透明な外壁

遠藤政樹＋池田昌弘／EDH遠藤設計室＋MASAHIRO IKEDA「ナチュラルストリップスⅡ」2005年

既製品は用いず、スティールプレートやフラットバーなど、素材そのものを加工してサッシともルーバーともいえる独特の外壁面を構成している。水切りそのものがサッシになっているようにも見え、鉛直力を受ける無垢の鉄骨柱と先端の吊材により、構造的に自律した面を構成している。形鋼やプレートを組み合わせて、既視感のない、物質性と透明性の新しい関係が生み出された。（T）

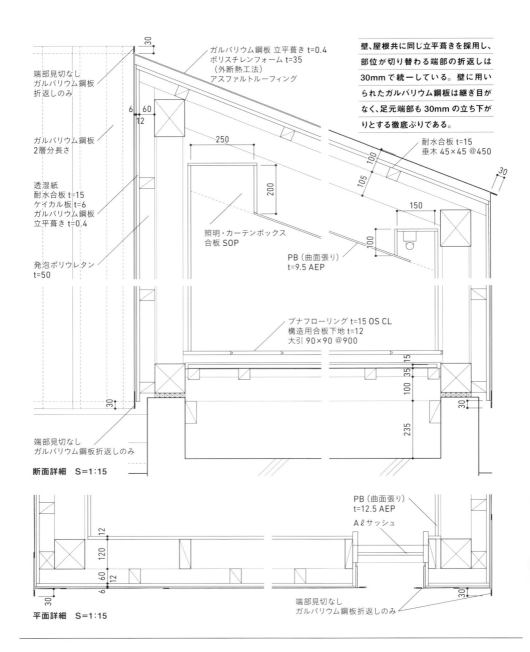

壁、屋根共に同じ立平葺きを採用し、部位が切り替わる端部の折返しは30mmで統一している。壁に用いられたガルバリウム鋼板は継ぎ目がなく、足元端部も30mmの立ち下がりとする徹底ぶりである。

屋根・外壁 10 壁と屋根をつなぐ金属板折返し

押尾章治／UA「HOUSE O」2005年

外壁を構成する部位の中でも、壁と屋根の端部は異なる納まりによって処理されることが多い。しかし金属板は両者に使用できる素材であり、壁と屋根に共通の納まりが可能である。この建築では、壁・屋根の見切りがガルバリウム鋼板30mmの折返しのみで処理されている。折返しは、壁と屋根を連続的に一体的ヴォリュームとして扱うために選択されたものであり、統一された素材感が際立っている。（K）

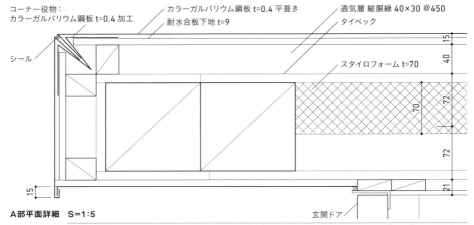

A部平面詳細　S＝1:5

通常は役物を上からかぶせるところであるが、下地に同材のガルバリウム鋼板を W 字形に加工したものを入れ、そこに両方向から仕上げのガルバリウム鋼板を差し込むことで、役物が見えない納まりを実現している。

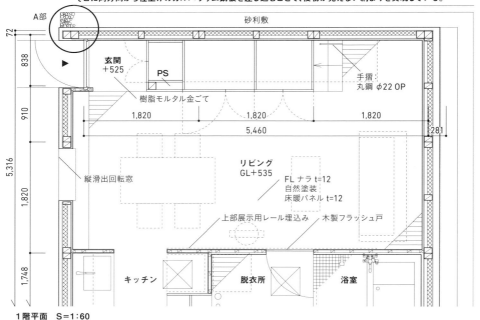

1階平面　S＝1:60

屋根・外壁 11	**役物レスコーナー**

河内一泰／河内建築設計事務所　「書家のアトリエ」2004年

田園風景が広がる周辺環境に対し、いかに孤高と立ち尽くすのか、それがこの住宅のテーマであるように見える。モノリス的な立ち姿にするためには、外装を構成する部材を極力解体し、減らすことが必要である。ありきたりの役物を使わずに、板金の工夫だけで性能を落とさないこの納まりは、素朴な操作であると共にコーナーを外壁のぶつかり合いとして見せるうえで、極めてミニマルである。(T)

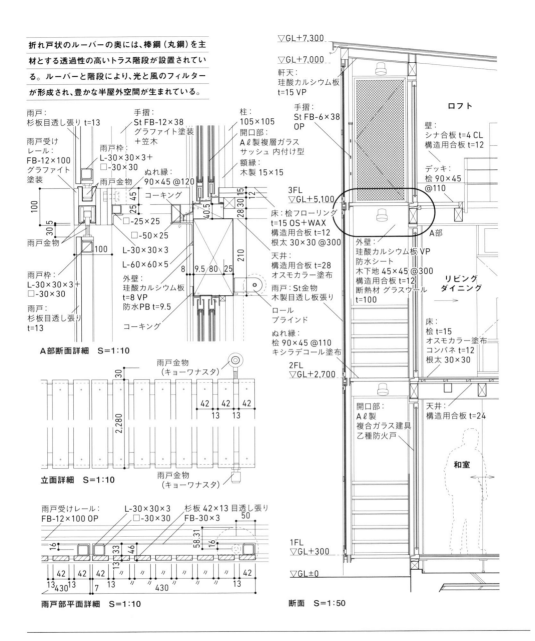

既製部材を使った折れルーバー

屋根・外壁 12

田井幹夫／アーキテクト・カフェ「千川・スクリーンの家」2002年

既製品の蝶番・吊レールを用いながら、スティールフラットバー、杉材の格子を組み合わせることで、オリジナルな折れ戸を実現した。レールが納まる上下枠も必要最小限の見付け寸法であり、折れ戸としたこととと相まって、外部からは縦ルーバーとスティールフラットバーの水平材のみが視野を占め、即物的でありながら要素の少ないミニマルなファサード面を構成している。（M）

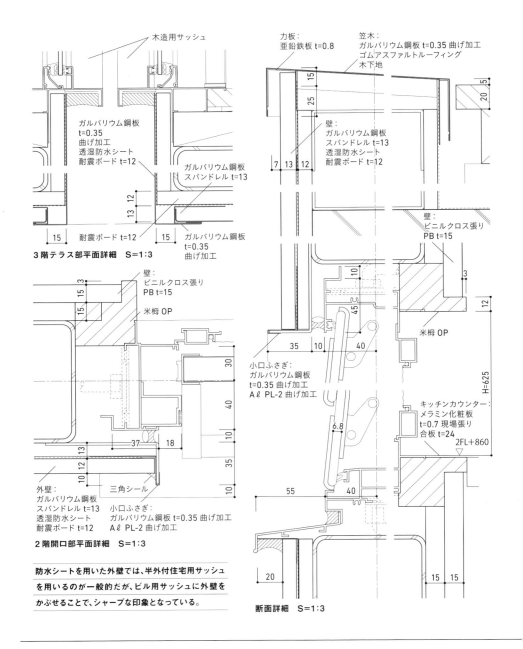

防水シートを用いた外壁では、半外付住宅用サッシュを用いるのが一般的だが、ビル用サッシュに外壁をかぶせることで、シャープな印象となっている。

屋根・外壁 13 切り取られた外壁

千葉学建築計画事務所「黒の家」2001年

ヴォリュームを切り取ることで、外部との関係がつくられているこの建物では、テラス部とサッシュまわりの両方において、外壁は切断されたような小口勝ちの表情を持つ。特に独特なのはサッシュまわりで、通常はスパンドレルに対して半外納まりとなるサッシュをアルミアングルの裏に納めることで、骨組みの両側に仕上げが張られる鉄骨造の成り立ちをそのまま示すような表現となっている。(1)

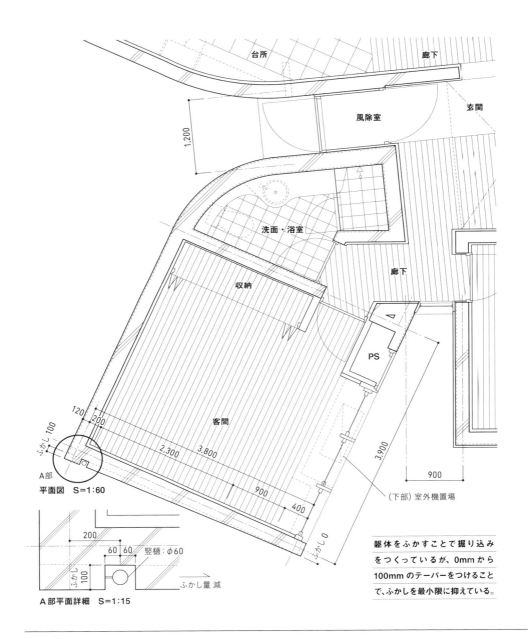

躯体をふかすことで掘り込みをつくっているが、0mmから100mmのテーパーをつけることで、ふかしを最小限に抑えている。

屋根・外壁 14	# テーパーふかしの象嵌雨樋
	阿部仁史アトリエ 「n-house」 2000年

湾曲した細長いヴォリュームの端部にある黒光りする雨樋は、躯体に象嵌されることで、建物のヴォリューム感を残しながら、曲面を矩形の壁からわずかに分節する。ふかしを最小限にするため、テーパーをつけてふかすことで実現した、このシンプルかつオリジナルなディテールは、この建物内部に展開する、面と塊／平面と曲面の困難な同居を豊かに実現した、ダイナミックな空間を予感させる。（1）

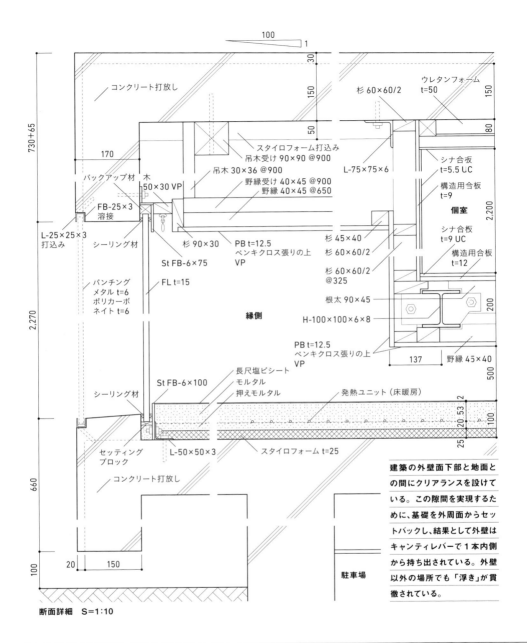

断面詳細　S=1:10

建築の外壁面下部と地面との間にクリアランスを設けている。この隙間を実現するために、基礎を外周面からセットバックし、結果として外壁はキャンティレバーで1本内側から持ち出されている。外壁以外の場所でも「浮き」が貫徹されている。

屋根・外壁　15

地面との目地

青木淳建築計画事務所「L」1999年

地面と外壁との間に深い目地が形成され、建築物を大地から切り離し浮遊させた表現となっている。室内のキッチンカウンターや個室でも、地面と「縁を切る」行為が繰り返されており、垂直面と水平面が接する部位に対して、強い意志を持ってモノのあり方をコントロールしていることがうかがい知れる。コンクリートのヴォリュームという重量のあるものであってもディテールの対象となり得ることに気づかされた。（M）

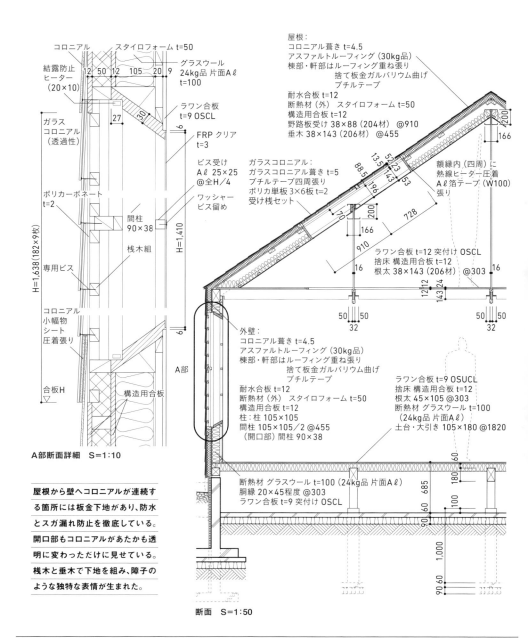

屋根から壁へコロニアルが連続する箇所には板金下地があり、防水とスガ漏れ防止を徹底している。開口部もコロニアルがあたかも透明に変わっただけに見せている。桟木と垂木で下地を組み、障子のような独特な表情が生まれた。

屋根・外壁 16 コロニアル家型

西沢大良建築設計事務所「諏訪のハウス」1999年

八ヶ岳のなだらかな牧草地に建つ家型の建築。200m先から単独で見えるような立地にあるため、輪郭を曖昧にする軒先や雨樋、棟押さえのような建築言語を避け、エッジを際立たせる納まりとし、シンプルな「型」を実現している。外壁と屋根の素材を採光部も含めて統一し、納まりを単一化することでアイコニックなフォルムを獲得した家が、大きな風景と対峙している。(T)

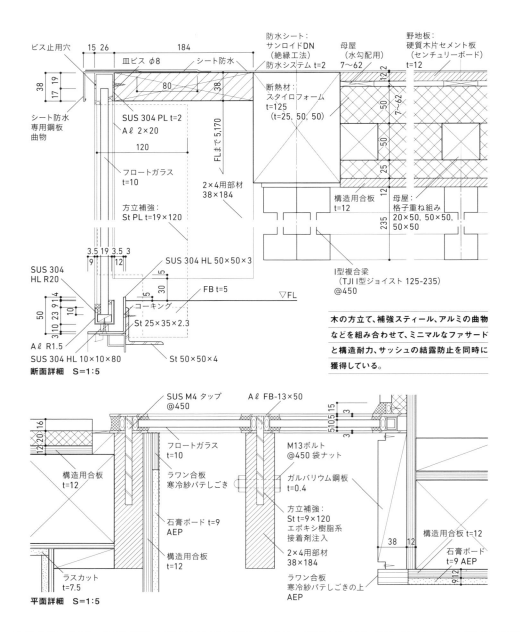

屋根・外壁 17

ガラスフレームとしての笠木

石田敏明建築設計事務所 「NOS-h」1993年

細いフレームで構成されたガラス面が、建物の側面をぴったりとふさぐような納まりである。壁や屋根との接合部は、構造や防水などの性能を担保するためにさまざまな要素が交錯する。長手に渡る構造材に対し、側面から風圧対策のスティールフラットバーを仕込んだ木方立てのガラス面をファサードとし、頂部は鋼板曲物で押さえた上にシート防水をかぶせるだけというシンプルさで屋根の存在を消している。（T）

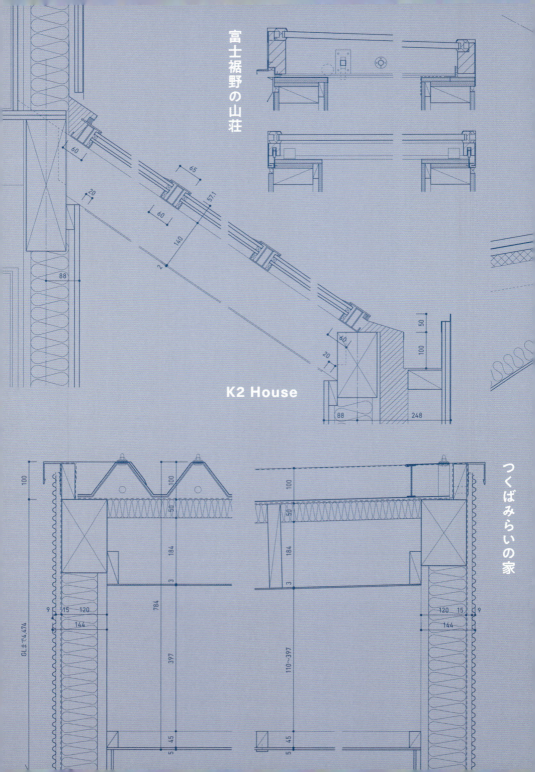

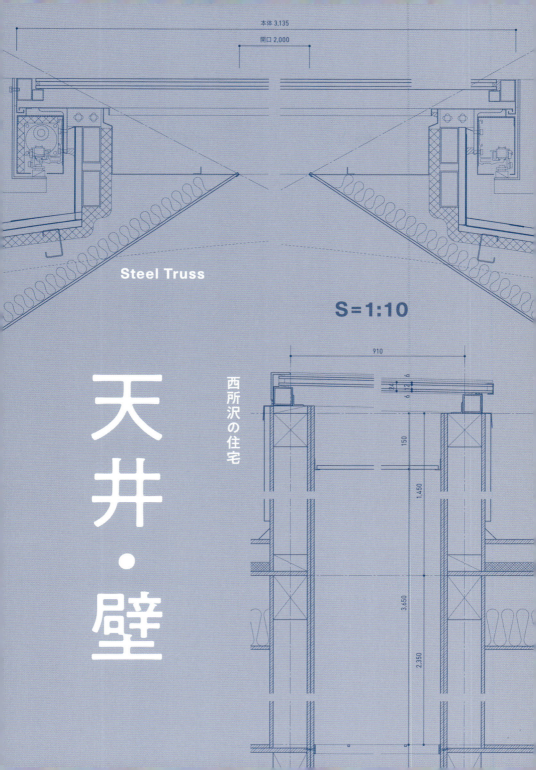

Steel Truss

S=1:10

天井・壁

西所沢の住宅

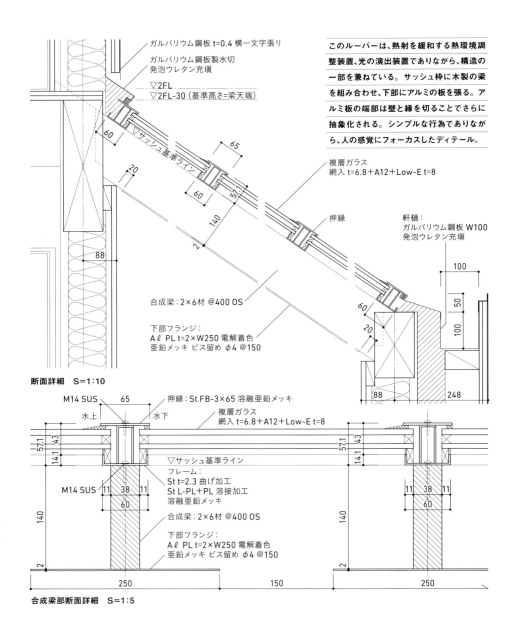

このルーバーは、熱射を緩和する熱環境調整装置、光の演出装置でありながら、構造の一部を兼ねている。サッシ枠に木製の梁を組み合わせ、下部にアルミの板を張る。アルミ板の端部は壁と縁を切ることでさらに抽象化される。シンプルな行為でありながら、人の感覚にフォーカスしたディテール。

合成梁ルーバー

天井・壁 1

下吹越武人／A.A.E.「K2 House」2018年

ほぼ三角形の変形敷地の中心部に矩形の床を浮かせ、残余を三つの三角形の「ニワ」とした建築。複数の異なる「ニワ」の一つに日射遮蔽ルーバーを設けている。ルーバーのアルミ板によりトップライトの枠材が見えなくなり、白とグレーの光の縞だけが視野を満たす。この空間はサッシュ枠という野暮なものが見えないことで、あたかも東屋の下にいるような、半外部感覚だけが手元に残る「ニワ」なのである。(M)

一般的な在来木造工法の床壁から厚さ24mmのラーチ合板を持ち出し、その端部を斜め45°に削ぐ。その結果、切り取られた「アナ」のエッジには元の壁から持ち出された厚さ9mmのラーチ合板の木端面が残る。切断面は壁に対して直角に切り取っているため、3次元の交差部は点で接することになる。

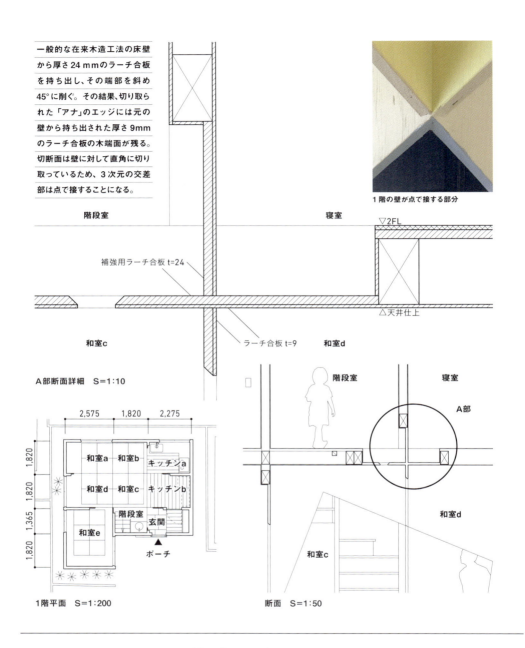

1階の壁が点で接する部分

A部断面詳細　S=1:10

1階平面　S=1:200

断面　S=1:50

天井・壁 2　点で交差する薄板

河内一泰／河内建築設計事務所「アナハウス」2016年

3次元グリッド面に2次元の「アナ」をあける。言葉にすればそれだけの行為で、切り取られた各室の風景が同時に一つの視野に入るキュビスムのような状態をつくり出している。この状態が、切断面の薄さ、点で接する立体交差部、各面の色使いによって強調されている。素材自体は安価で、かつ平面図や断面図を見ても3次元の感覚まで想起し得ない、図面を超えた空間である。(M)

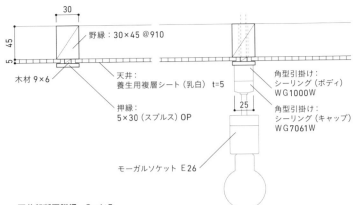

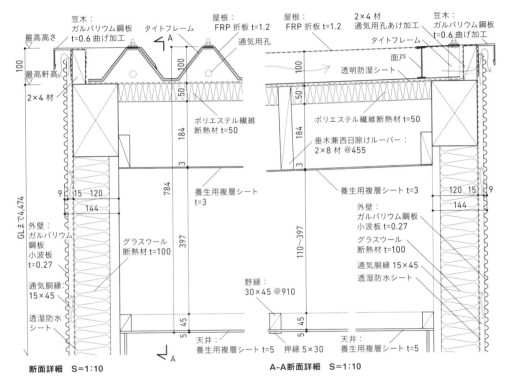

天井・壁 3	# 柔らかな光を通す障子天井
	佐藤森／+0一級建築士事務所「つくばみらいの家」2010年

周囲を囲まれた旗竿地において、柔らかな光の降り注ぐ空間を、養生シートと潔いディテールによって実現している。安価な材料である養生シートは、押縁を外すことで、障子紙のように張り替えることも可能と思われる。繊細な格子に、照明器具が最小の寸法で慎重に取り付けられることで、ケーブル自体がこの空間の高さとゆとりを示す要素となっているのが興味深い。(1)

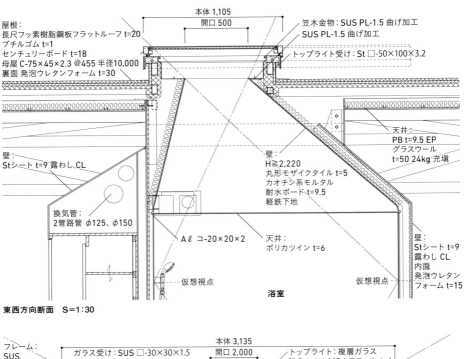

東西方向断面　S=1:30

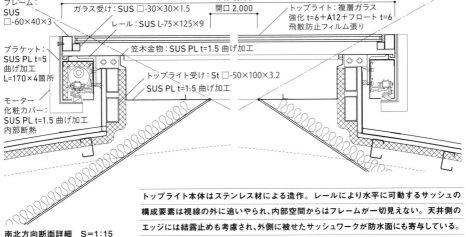

南北方向断面詳細　S=1:15

トップライト本体はステンレス材による造作。レールにより水平に可動するサッシュの構成要素は視線の外に追いやられ、内部空間からはフレームが一切見えない。天井側のエッジには結露止めも考慮され、外側に被せたサッシュワークが防水面にも寄与している。

天井・壁 4　空を切り取るエッジ

木村博昭＋Ks Architects「Steel Truss」2009年

図面中に「仮想視点」の記載があるように、空をフレームレスに切り取りたいという設計者の意思が貫徹されたトップライト。エッジを極限まで切り詰めながら、内部から見えない部分で、しっかりと可動機能と耐久面・防水性を考慮したディテール処理がなされている。視線を切り取るエッジを極めることで、トップライトの存在が消失し、空という自然に直接触れているような感触すらある。（M）

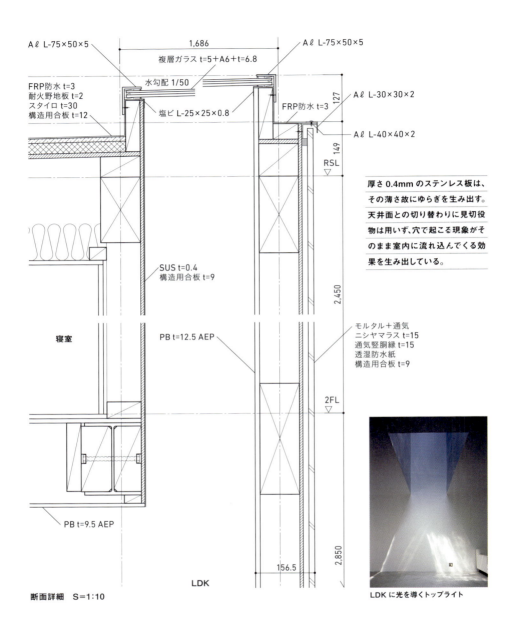

厚さ 0.4mm のステンレス板は、その薄さ故にゆらぎを生み出す。天井面との切り替わりに見切役物は用いず、穴で起こる現象がそのまま室内に流れ込んでくる効果を生み出している。

LDK に光を導くトップライト

天井・壁 5　空とつながる穴

佐藤光彦建築設計事務所「天沼の住宅」2004年

低く抑えた天井にポッカリと穴が空き、その内側には2B処理されたステンレス板が張られ、見切り材を見せずにトップライトへとつながっている。1層分を通り抜けて光を導くだけでなく、昼間は青空を手の届く場所まで呼び込み、夜には漆黒の世界へとつながるトンネルのように見えるだろう。ステンレス板のゆらぎは取り込んだ像の解像度を下げ、フラットな天井面とのギャップをより強調している。（K）

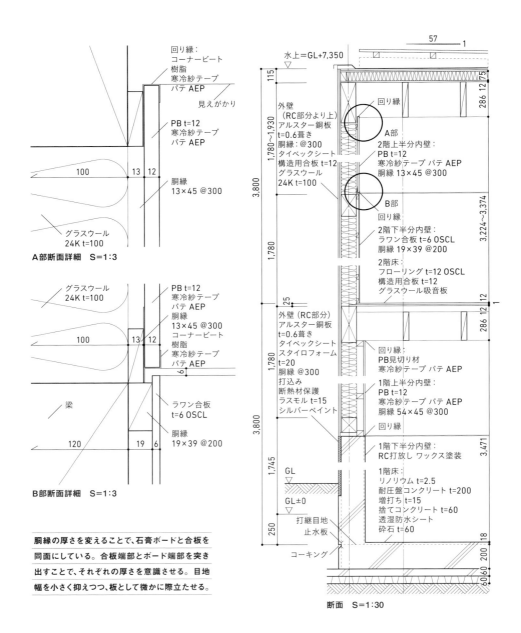

胴縁の厚さを変えることで、石膏ボードと合板を同面にしている。合板端部とボード端部を突き出すことで、それぞれの厚さを意識させる。目地幅を小さく抑えつつ、板として微かに際立たせる。

天井・壁 6 異素材の同面目透かし

西沢大良建築設計事務所 「昭島のハウス」 2004年

モノに色を合わせた合板と、ピッチの変化する架構という、それぞれ独特な二つの要素間の白壁は、上下両端の納まりによって、二つの背景に甘んじず、時にそれらと渡り合う要素となっている。合板とボードが固有の厚さを持つ素材として表れることで、形式の把握とモノの知覚の絶え間ない行き来がうながされる。室内風景を探求しながら、安易な比喩を許さない作者の姿勢が、1本の線に表れる。(I)

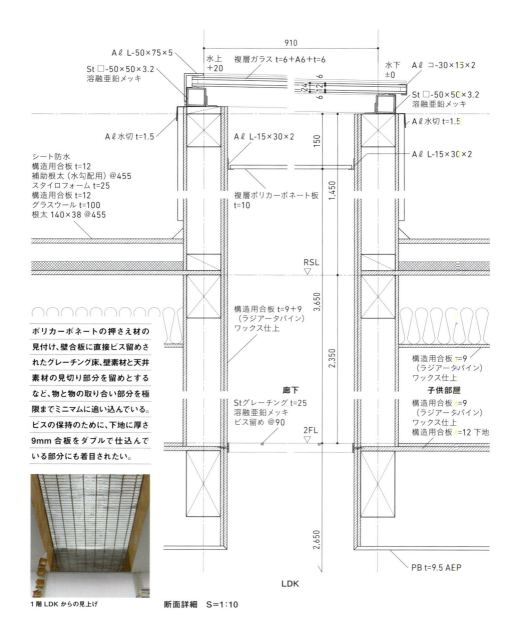

断面詳細　S=1:10

1階LDKからの見上げ

天井・壁 7　フレームレスな天窓空間

佐藤光彦建築設計事務所「西所沢の住宅」2001年

物と物が接する境界はディテールのメインテーマである。ここでは、天窓まわりの要所要所で境界を極力小さくする配慮がなされている。それらによって、ポリカーボネートの複層板を通った光の縞、グレーチング床自体の縞模様、ベニヤの表面一皮の質感などが、より純粋な要素として引き立てられる。他にも随所で同様の処理がなされており、全体としてひとまとまりの世界観が立ち現れている。(M)

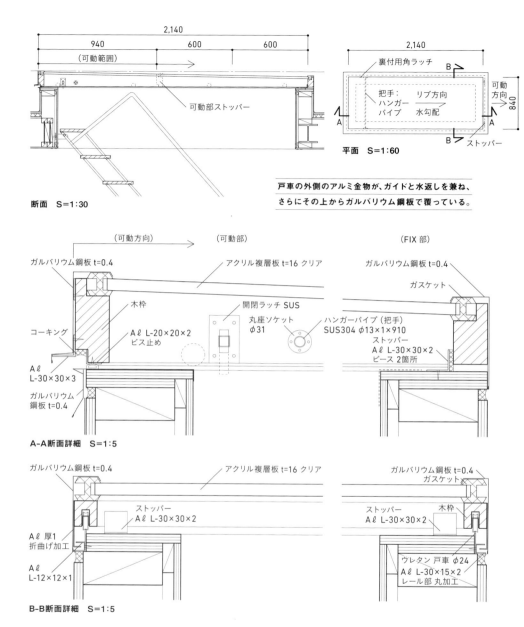

スライド天窓

石田敏明建築設計事務所「富士裾野の山荘」1991年

一般に、屋上は塔屋や階段室などによって、その下の空間と切り離されてしまうことが多い。止水上の困難がその主な理由だが、この建物では、工夫の凝らされたディテールによって、開閉式のトップライトが、一つ下の階の階段開口とほぼ同様の、面に穿たれた穴としてつくられている。1、2階の開放的なトンネル状空間と、視界の開けた屋上が、ひとつながりの体験として淀みなくつながっている。(1)

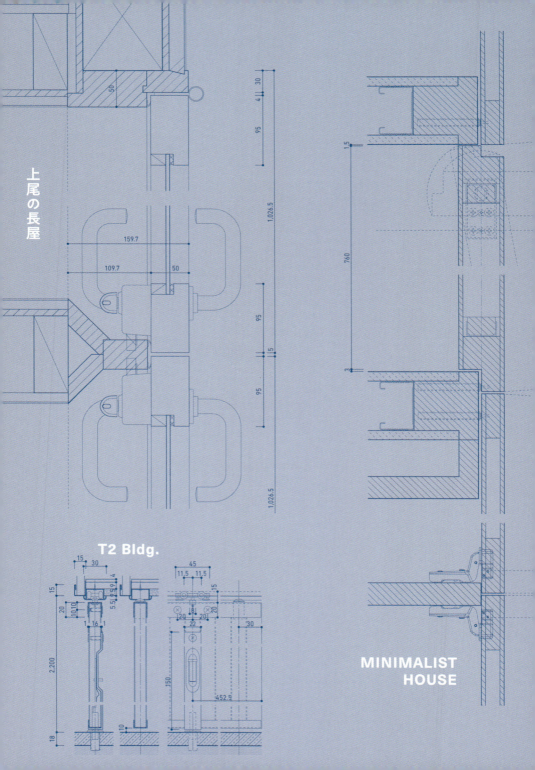

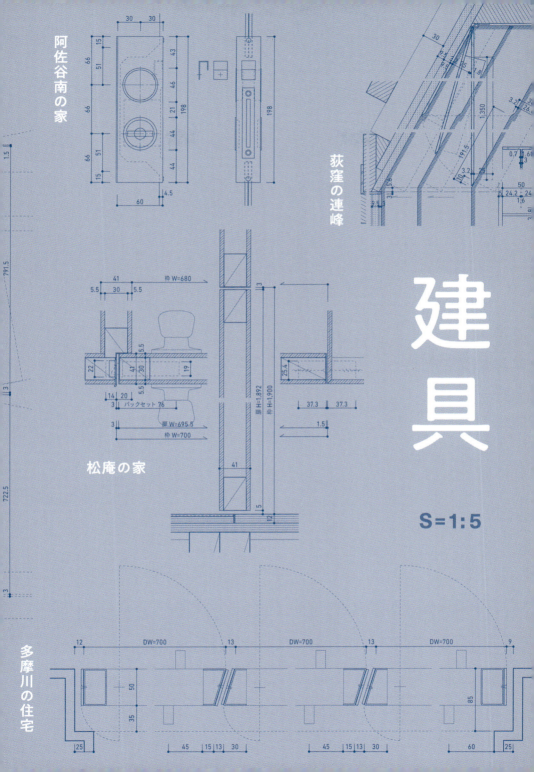

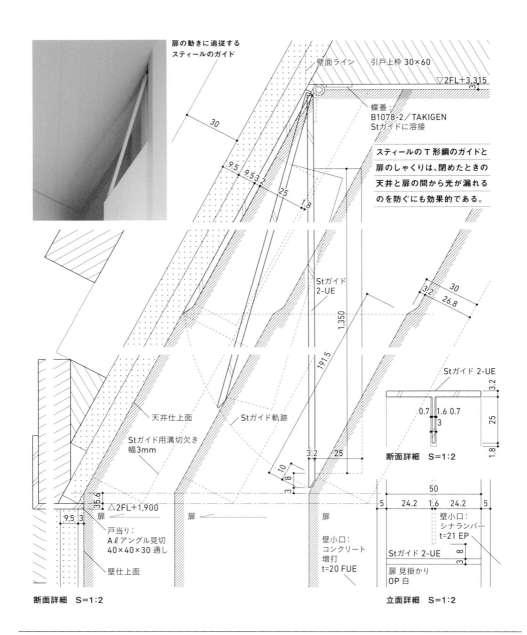

建具 1	**戸袋を消す戸先ガイド**

高橋堅建築設計事務所「荻窪の連峰」2016年

台形扉上部のガイドは、戸袋の溝隠しと戸先の振れ止めを兼ねている。空間の白く淡い光の濃淡の中で、暗い溝を隠す繊細な配慮に驚くと同時に、扉を開けるときの、台形の鈍角が直線に変形していくように見える軌跡も印象的である。この動きが、台形の開口自体、特にその上部に注意を向かせ、その先に、この住宅の主題である雁行する勾配天井が浮かび上がる。(1)

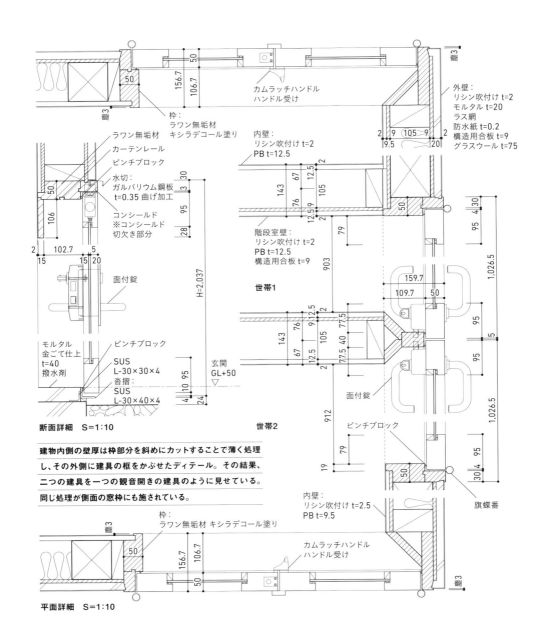

建物内側の壁厚は枠部分を斜めにカットすることで薄く処理し、その外側に建具の框をかぶせたディテール。その結果、二つの建具を一つの観音開きの建具のように見せている。同じ処理が側面の窓枠にも施されている。

斜めカットの枠

建具 2

長谷川豪建築設計事務所「上尾の長屋」2014年

2世帯住宅ということもあり、内部は左右全く異なる平面と断面を持つ。外観はシンメトリカルな構成であるが、緩い階段の上下に浴室やトイレをはめ込むなど、機能と空間構成のずれが特徴的である。既視のスケールや見慣れた型からずらす行為を、空間構成とディテールそれぞれの部分で行いつつ、プリミティブなファサードとしてまとめている。それらが建築全体で不可思議な味わいを醸し出している。(M)

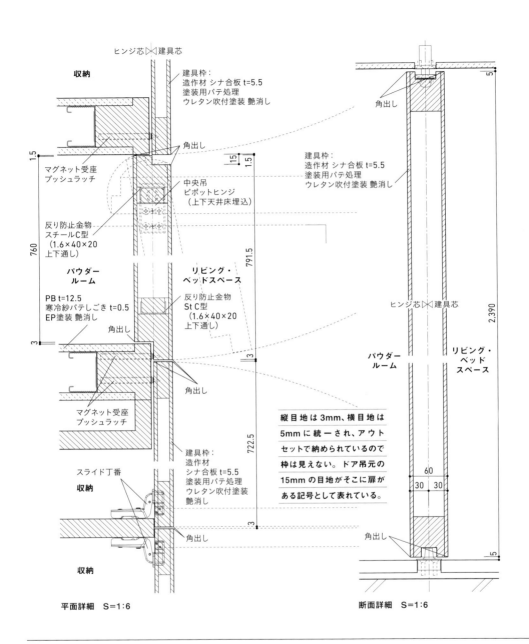

白い壁と目地

建具 3

小川晋一都市建築設計事務所「MINIMALIST HOUSE」2009年

この壁面は、収納、パウダールーム、廊下という異なる機能を隠しながらディテールが消され、抽象度の高い白い面が実現されている。収納扉とドアの差異は目地の寸法によって調整され、生活感を連想する記号は極力排除されている。外の風景は高い壁により遮られ、外界から隔絶されたミニマルな空間には浮遊感さえ漂い、面積や境界という概念すら超えようとする意志が感じられる。(K)

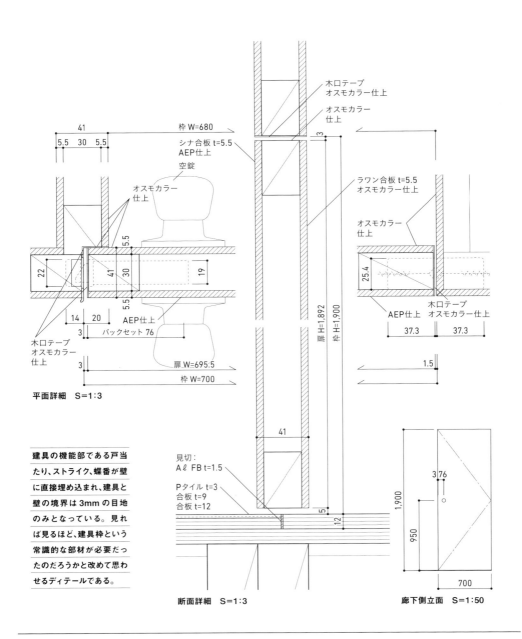

建具の機能部である戸当たり、ストライク、蝶番が壁に直接埋め込まれ、建具と壁の境界は3mmの目地のみとなっている。見れば見るほど、建具枠という常識的な部材が必要だったのだろうかと改めて思わせるディテールである。

建具 4 　枠なし扉

佐藤光彦建築設計事務所「松庵の家」2006年

存在するはずのモノが消され、あるべき厚さが失われる。その操作によって、限りなく表面だけの、厚みのない世界が生まれ、複数のモノが組み合わさっているのではなく、薄い表面のみで異空間がつながっているような感触を想起させる。建具枠という境界を構成する部材が消えることで、逆に、境界が際立った世界を感じ取れる。ディテールを突き詰めることで、空間の質が立ち現れる好例。(M)

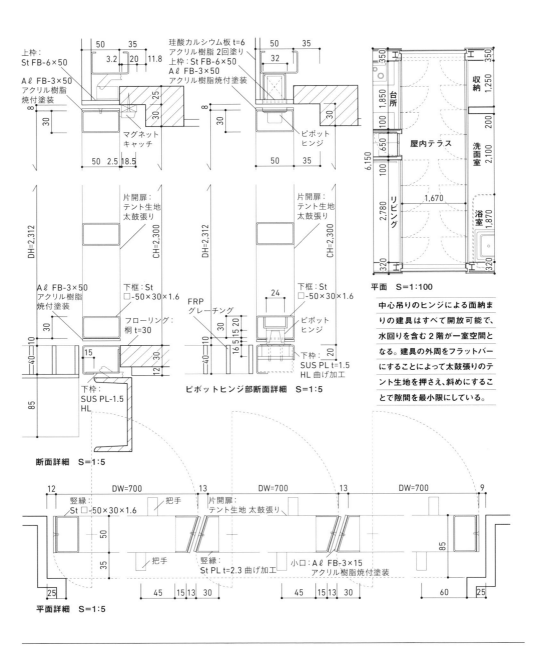

中心吊りのヒンジによる面納まりの建具はすべて開放可能で、水回りを含む2階が一室空間となる。建具の外周をフラットバーにすることによって太鼓張りのテント生地を押さえ、斜めにすることで隙間を最小限にしている。

建具 5 回転する光壁

納谷学＋納谷新／納谷建築設計事務所「多摩川の住宅」2005年

光と風を取り入れるガラス屋根の「屋内テラス」に面して、どのような建具を設けたらよいだろう。外部用建具は過剰に思えるが、一方で、ある程度の断熱性と耐久性が期待されるだろうから、紙障子や木製建具では頼りない。テフロン膜の太鼓張りという素材の選択は納得できるし、この境界面によってはじめて、屋内テラスという、少しだけ内部から切り離され外部化された場所が生まれているといえる。（1）

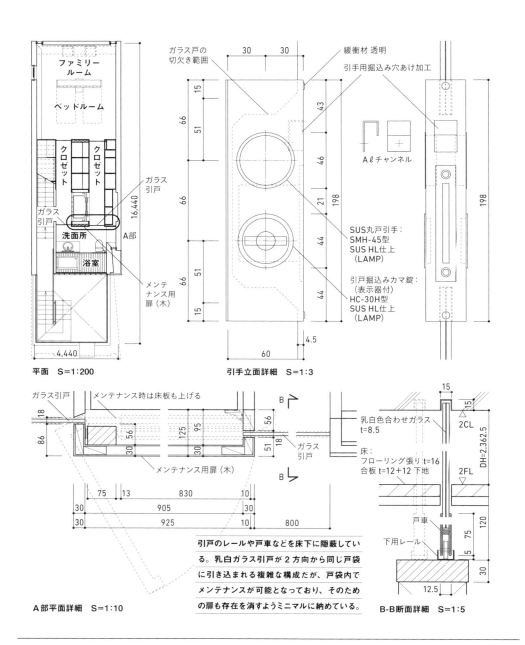

木片付きガラス引戸

建具 6

小川広次建築設計事務所「阿佐谷南の家」2004年

素材の強さを空間に表現していくとき、機能を担保する各部材がそれを阻害しがちであるが、柔らかく空間を間仕切りるこの乳白ガラスの引戸は、引手の木片と共に素材感も魅力的だ。この引手は鍵を仕込んだ機能的な役割に加え、ガラスと木材という素材の対比が意図されている。平面を工夫し同サイズのガラスの建具を2方向から戸袋に重ねて引き込み、要素を減らす納め方も秀逸である。（T）

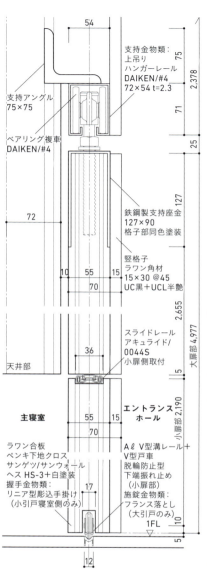

断面詳細　S=1:5

3階の固定パネル、1・2階が一体となった大引戸、その一部がさらにスライドする小引戸の3パーツからなる。金物は特別なものではないが、構成により空間の劇的な変化を生み出している。

エントランスホールと1階寝室、2階リビングを仕切る巨大な建具

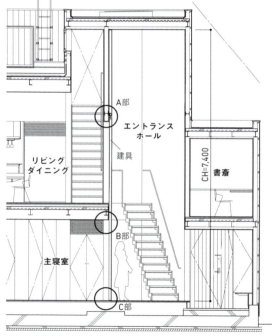

断面　S=1:100

建具 7　環境調整大小建具

横河健／横河設計工房「深沢のN邸 LC-SH4」2002年

周囲の建物が近接し、閉鎖的にならざるを得ない構成の中、ダイナミックに可動する大きな引戸の仕掛けが空間の抜けを生み、生活に変化と豊かさを与えている。吹抜けの壁面を覆うような大引戸の開閉、さらに右下の小引戸のスライドが、エントランスホールにパズルのようなギミックを生む。まるでアート作品のように、建具の機能的要素を美的感性に訴えるものに昇華させている。（T）

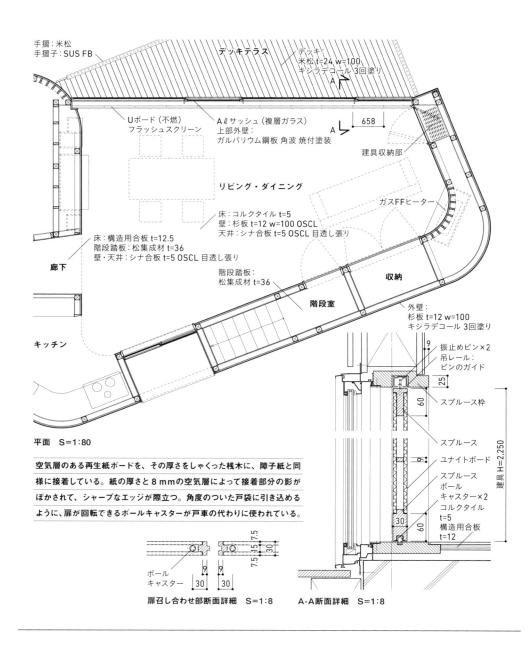

空気層のある再生紙ボードを、その厚さをしゃくった桟木に、障子紙と同様に接着している。紙の厚さと8mmの空気層によって接着部分の影がぼかされて、シャープなエッジが際立つ。角度のついた戸袋に引き込めるように、扉が回転できるボールキャスターが戸車の代わりに使われている。

建具 8

透ける可動壁

松野勉・相澤久美／ライフアンドシェルター社　池田昌弘／MIAS「S house」2001年

曲面壁によって、周囲の木立から囲い取られた居間の大開口に、この半透明の建具は設えられている。障子に近いつくり方のこの建具は、その光と熱の透過性の程度に特徴がある。空気層のある再生紙ボードを両面に用いることで、かなりの断熱性能が期待され、一見壁に見えるほど素材感のある面が、内部のランダムな桟木や木立の影を映して柔らかく発光するとき、毎度住み手に新鮮な感覚を与えるだろう。(1)

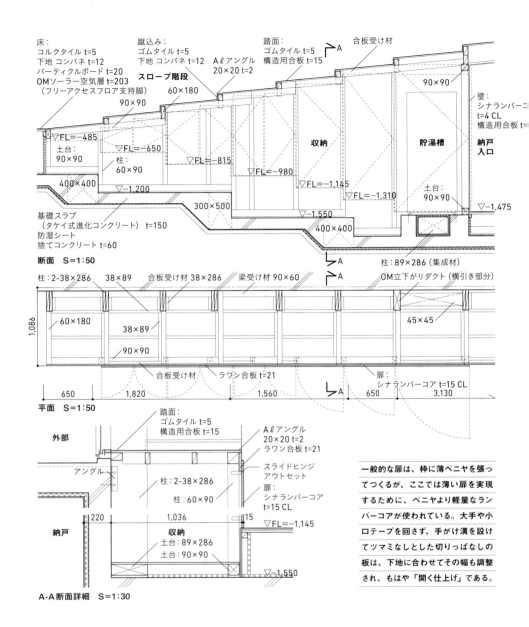

一般的な扉は、枠に薄ベニヤを張ってつくるが、ここでは薄い扉を実現するために、ベニヤより軽量なランバーコアが使われている。大手や小口テープを回さず、手がけ溝を設けてツマミなしとした切りっぱなしの板は、下地に合わせてその幅も調整され、もはや「開く仕上げ」である。

建具 9

開く仕上げ

坂本一成研究室「House SA 1999」1999年

床と壁材は、端部にアルミアングルがまわされて、バラバラの板のように扱われ、薄いランバーコアのアウトセット扉は、オープン棚の隣で未完の仕上げのような表情を帯びる。階段の踏面と側面の収納扉の幅は、それぞれ部分の便宜に従って一定ではなく、地形に沿って積まれた石垣の小路のようだ。住宅の持つ多くの形式と、完成という定点から解放されて、この家は過去と未来をつないで生き続ける。（1）

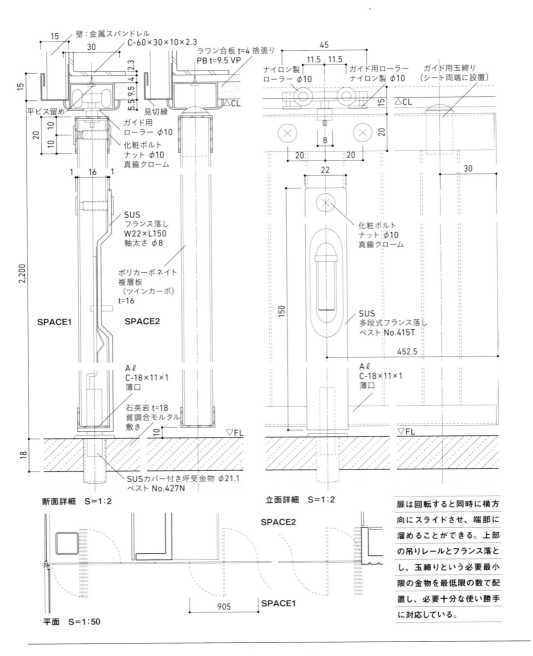

回転ツインカーボ

建具 10

石田敏明建築設計事務所「T2 Bldg.」1997年

ツインカーボからなるこの軸回転扉は、可動ルーバーとして室同士のつながり方や微妙な距離感を調整する装置である。この建具が仕切る吹抜け空間は、一見外部のように扱われているが、実際には室内であるため、建具の要素は最小限に抑えられている。半透明の物質性によって隣接する部屋の性質を変化させるとともに、素材そのものが空間の境界に浮遊しているような感覚が表現されている。(T)

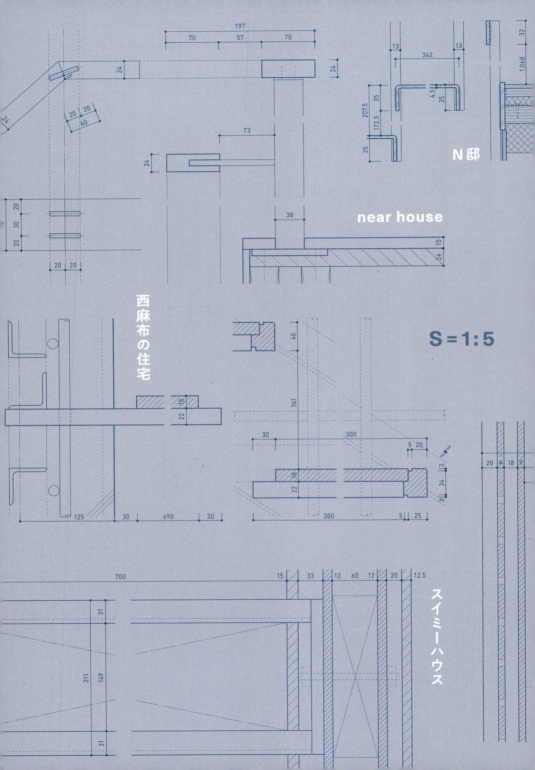

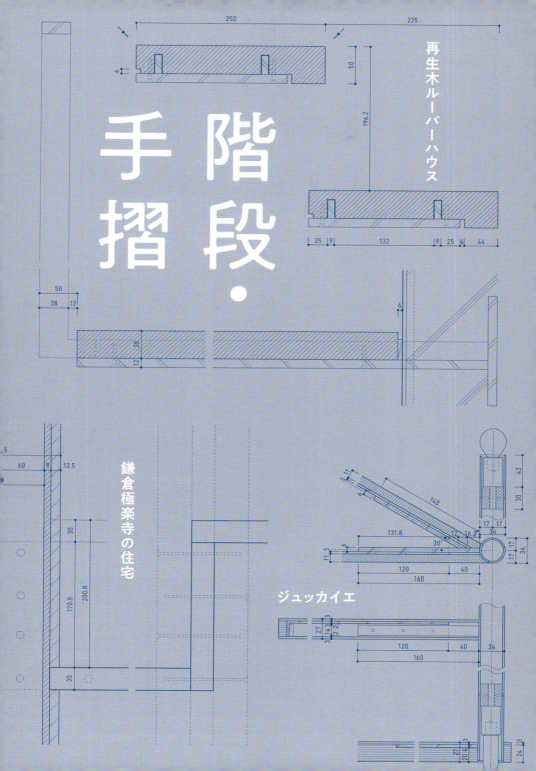

階段・手摺

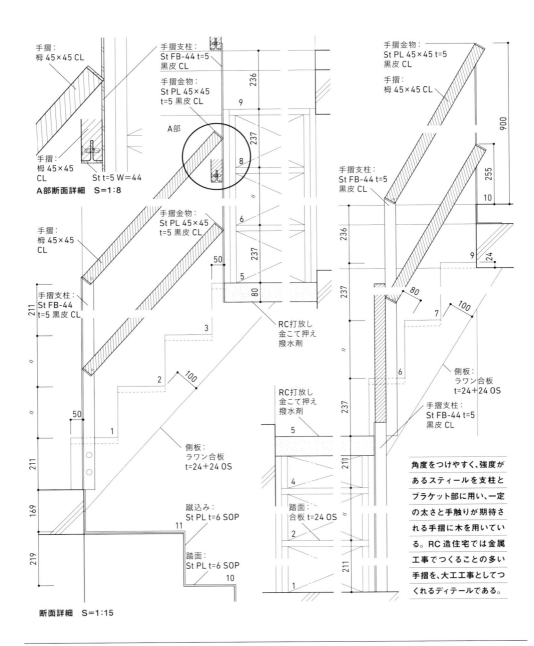

スティール支柱の木手摺

階段・手摺 1

古澤大輔／リライト_D＋日本大学理工学部古澤研究室「古澤邸」2019年

この階段では、階の中間の梁レベルでささらが分割され、空間を仕切る特異な十字の梁が、縦方向にも経験化されていると言える。さらに、スティール支柱によって切り離されたささらと手摺は、大工工事での施工性を考慮した工法と思われるが、この住宅の梁とスラブのように、慣習的に一体と考えられているものを、切り離すことで見えてくるオルタナティブな合理を示している。(1)

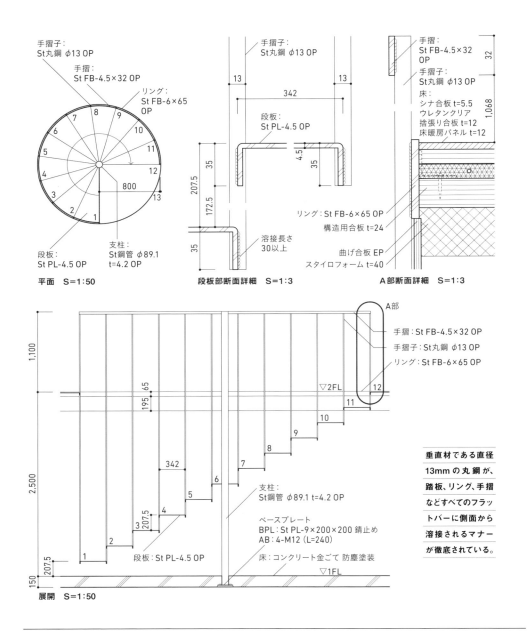

階段・手摺 2

丸鋼に囲われた螺旋階段

村山徹＋加藤亜矢子／ムトカ建築事務所「N邸」2013年

構造と素材、機能性を総合的に解き、その結果としてミニマルな表現を獲得した螺旋階段である。一見すると何気ないが、鉄板を折り曲げて剛性を保たせただけの踏板を、直径13mmの丸鋼で2階床に接したリングとつなぎ、床上にも立ち上がった丸鋼がそのまま落下防止柵になる。垂直性を表現するため上端のリング状のフラットバーの手摺も内接するなど細かい配慮が効いている。（T）

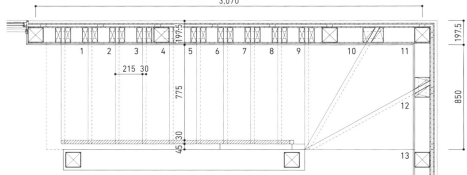

平面 S=1:30

壁の中にある間柱に蹴込み板を打ち付け片持ちとし、踏板を載せる。簡単なようだが、施工順序に配慮して進めなくてはいけない。手摺は木板と対比的に角パイプとし、階段に最低限のタッチとしているのも美しさの大きな要因だろう。

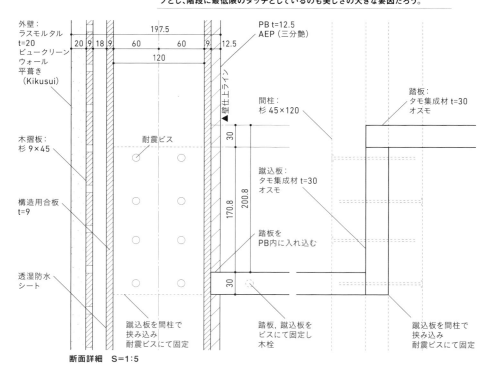

断面詳細 S=1:5

階段・手摺 3 稲妻片持ち木階段

川辺直哉建築設計事務所「鎌倉極楽寺の住宅」2013年

建物としてあるべきものを素直に受け入れつつ、それぞれの要素を再解釈して、新たな表現として配列し直す。そのような意図を内包したこの空間において、階段は木板の折れ上がったものでありそれ以外の要素は必要ない。施工中に蹴込み板を壁内の支柱に打ち込むという工夫を織り込むことによって、通常表れるささら板や支柱は消え去り、素朴で彫刻的な木階段となっている。(T)

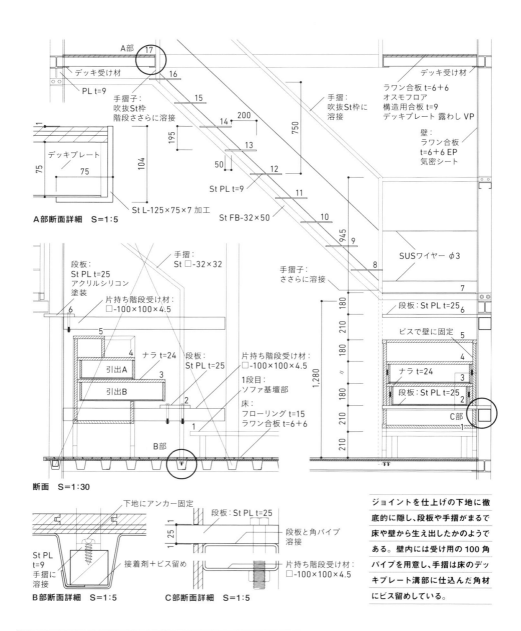

ジョイントを仕上げの下地に徹底的に隠し、段板や手摺がまるで床や壁から生え出したかのようである。壁内には受け用の100角パイプを用意し、手摺は床のデッキプレート溝部に仕込んだ角材にビス留めしている。

階段・手摺 4

変態する家具と階段

タトアーキテクツ／島田陽建築設計事務所「伊丹の住居」2012年

　この階段は、スティールと木という二つの素材の組合せによって成り立っている。ささらと片持ち、2種類のスティール階段は、手摺やささら、片持ちの段板のジョイントを下地内で処理し、白い床・壁と一体化されている。木の階段は置き家具でもあり、それ自体が今にも動き出しそうである。階段が解体され、建築という器と家具に集約された住宅に溶け込んでいる。(T)

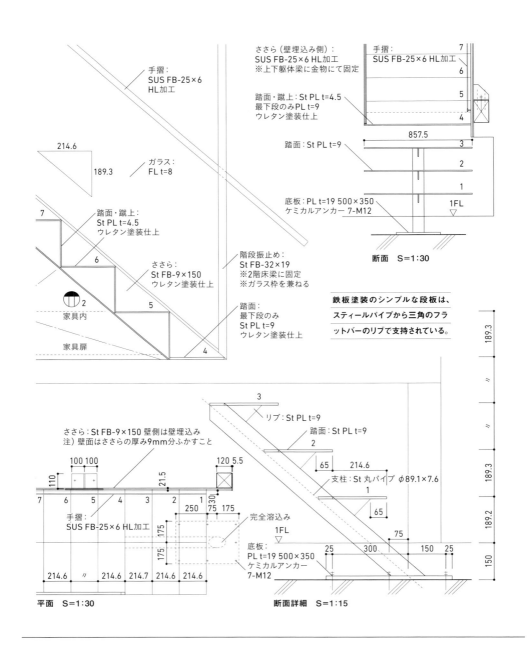

鉄板塗装のシンプルな段板は、スティールパイプから三角のフラットバーのリブで支持されている。

階段・手摺 5 床から生える片持ち階段

三幣順一／A.L.X.「House Forest」2012年

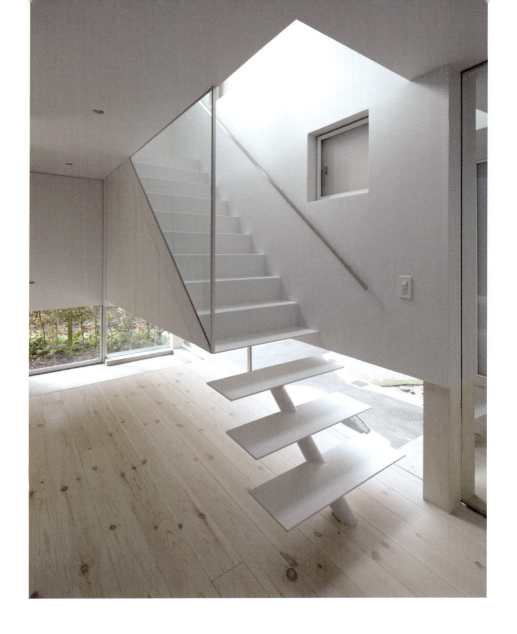

ひな壇状の住宅街の中で、2階には山々の緑を見渡すハイサイド窓が、1階には地形の変化を楽しめる横長の地窓が配され、それぞれ、住宅街からの視線を避けつつ、残された自然とこの住宅の接点となっている。箱が浮いたようなこの住宅の構成を、途中で切られた階段が明快にしているだけでなく、床から生えた見慣れぬオブジェが、地窓からの光に照らされつつその景色の一部となっている。(1)

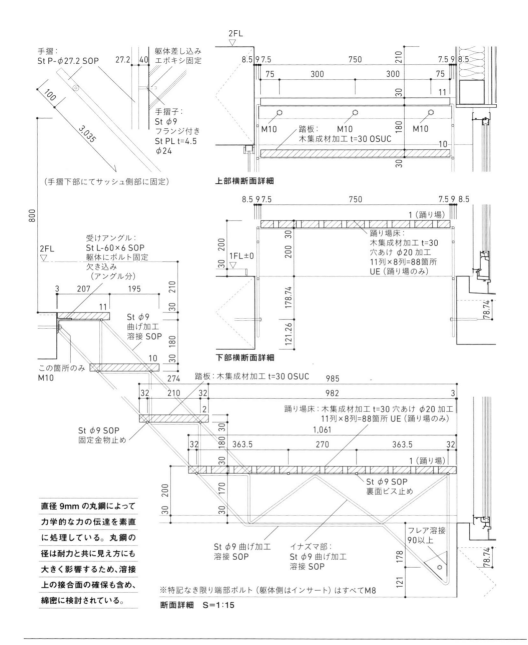

9mm丸鋼のトラス階段

北山恒＋architecture WORKSHOP「GALA HOUSE」2012年

最小限の構成部材によりつくられた、合理的かつ繊細な階段である。その思考は建築全体にも通底しており、主構造は小径断面の柱・梁によるラーメン構造が採用されていて、すべての要素が統合されたデザインとして整理されている。踏板は浮遊しているような印象も受けるが、支持部材の物質としての繊細さは、打放しコンクリートと対比され、空間の中で存在感を放っている。（K）

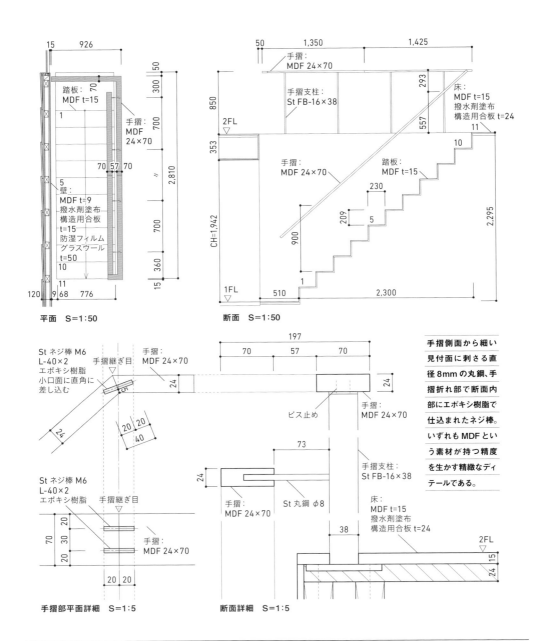

プロダクト精度のシームレス手摺

階段・手摺 7

原田真宏＋原田麻魚／MOUNT FUJI ARCHITECTS STUDIO「near house」2010年

床、壁、天井に用いたMDFという素材を手摺にも用いることで、空間と部分の構成素材が連続する。折れ曲がり部で材は継がれているものの、目地がなくシームレスにつながるMDFは従来の建築素材にはない、プロダクトレベルの精度を持つ部材となっている。大きなプロダクトと小さな建築の中間「near house」という作品名を象徴するディテールと素材である。(M)

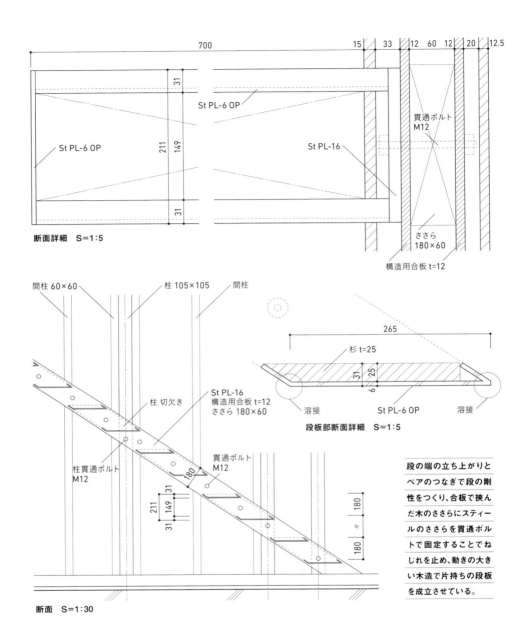

鉄板によるペア階段

階段・手摺 8

三浦丈典＋原口剛「スイミーハウス」2010年

スティールの片持ちの段板を二つずつ先端でつなぐことで、端部の立ち上がりと共に強度を確保し振動を抑制している。小部屋が立体的に連続する住宅の中で、手摺から切り離され、壁から突出するオブジェクトは、上部の木塊の段と対比され、小さな展示室に置かれたミニマルなアートのように場所を特徴づけている。上下の移動が多い小住宅にこそ、緩めの勾配が採用されている点も注目したい。(1)

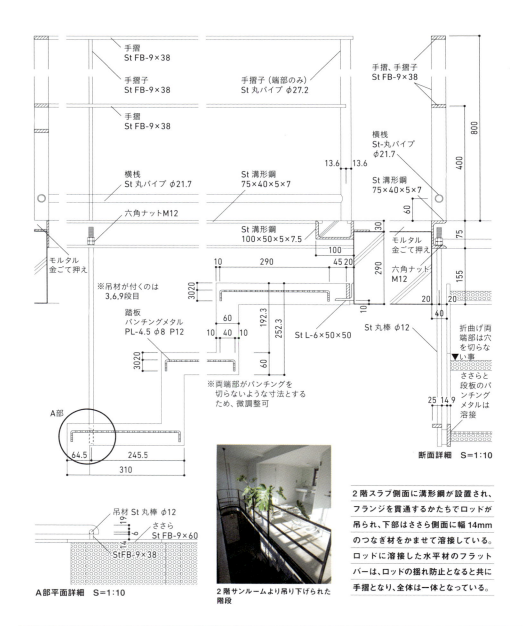

2階サンルームより吊り下げられた階段

2階スラブ側面に溝形鋼が設置され、フランジを貫通するかたちでロッドが吊られ、下部はささら側面に幅14mmのつなぎ材をかませて溶接している。ロッドに溶接した水平材のフラットバーは、ロッドの揺れ防止となると共に手摺となり、全体は一体となっている。

階段・手摺 9	**パンチング吊り階段**

阿部勤／アルテック建築研究所 「国分寺の家」2009年

ロの字形平面の中庭に沿って位置する階段。キッチンから中庭を通して見ると、RC躯体と対比され、軽快なオブジェのように存在している。踏面はパンチングメタルとし透明感を与え、2階スラブから吊ることで、稲妻形のささら寸法は最小限となっている。吊り元以外は溶接で一体化され、繊細なメタルワークが躯体の強さと共存することで建築の全体性が強化されている。（T）

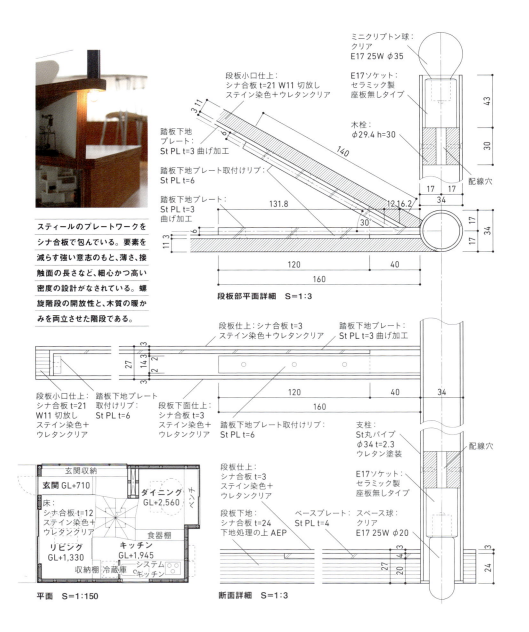

スティールのプレートワークをシナ合板で包んでいる。要素を減らす強い意志のもと、薄さ、接触面の長さなど、細心かつ高い密度の設計がなされている。螺旋階段の開放性と、木質の温かみを両立させた階段である。

階段・手摺 10 合板をまとうスティール螺旋床

長岡勉＋田中正洋／POINT＋横尾真／OUVI「ジュッカイエ」2009年

木製合板の段板が接着剤で細い心棒に付けられたかのような、ミニマルな仕上がり。その裏では繊細なスティールワークを中心として、階段の構造、納まりに細心の工夫がなされている。階段が建築全体の「10の床スラブ」というコンセプトの縮小版となっている。心棒頂部・下端のユーモラスな照明とあわせ、住宅は「ヒト＝大人と子ども」が楽しみながら暮らす場所であることを再度思い起こさせてくれる。（M）

幅250mmの側桁をコの字形にすることで、溶接で支える強度と壁の中に納めるための薄さを実現している。厚さ19mmの鉄板は、モノとしての存在感はあるが階段として見ると薄く、そのギャップがこのデザインの特徴でもある。

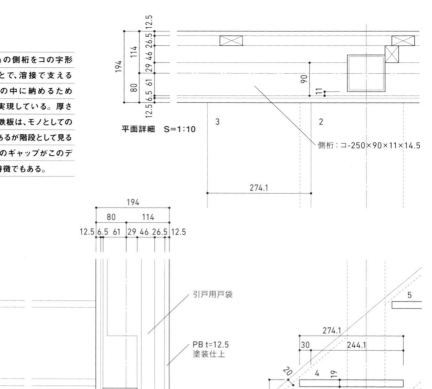

平面詳細　S=1:10

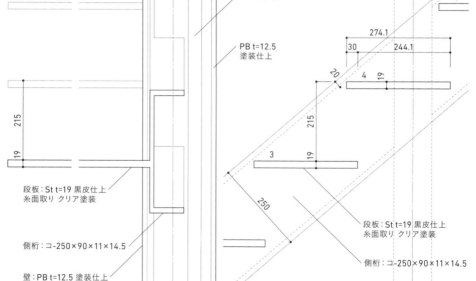

断面詳細　S=1:10

| 階段・手摺 11 | # 19mmの片持ち鉄板 |

伊藤博之建築設計事務所「MATSUBARA」2008年

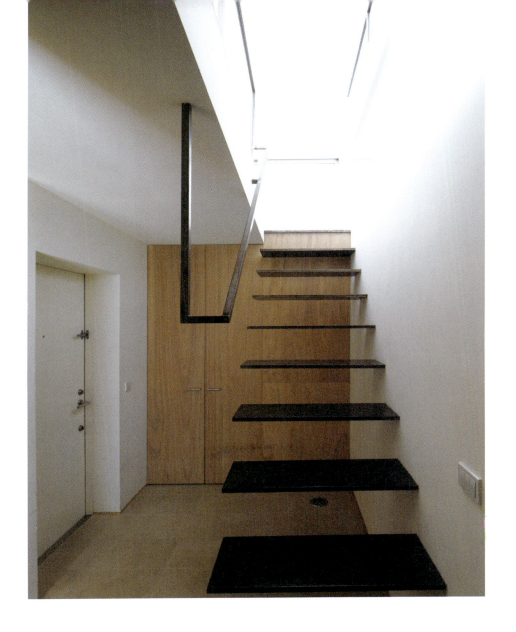

この階段は側桁に溶接された段板のみを壁面から露出させている。その薄さ（厚さ19mm）と、支持部材を見せないミニマルな形状によって、土間部分を飛び越える軽さと共に、即物的な存在感が両立されている。素材のスティールプレートは黒皮仕上げとしてより物質感を強調し、手摺のデザインも含め、階段の要素を極限まで削ぎ落とすことでオブジェのように存在している。（K）

4.5mmのスティールプレートは、段板としては薄いが、両端部を折り曲げることで、階段としての強度を保持している。段板を連結することにより安定し、丸鋼の振れ止めの役割も果たしている。

平面詳細　S=1:10

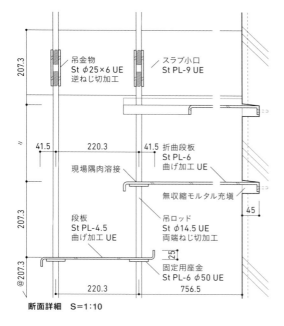

断面詳細　S=1:10

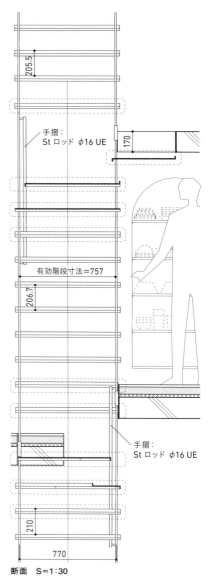

断面　S=1:30

階段・手摺
12

線と面のスティール階段

アトリエ・ワン「ハウス・タワー」2006年

4層の吹抜けを上下に貫く丸鋼は、流れ落ちる水滴のように繊細である。構成部材を細分化することにより、支持部材の数は増えるが、部材単位が小さくなることで、階段の要素が分解され、空間の透過性が増している。串刺しにされたスティール段板は固定されてはいるが、その薄さから浮遊感が生まれ、階段というよりはどことなく空間に漂うモビールのような佇まいである。(K)

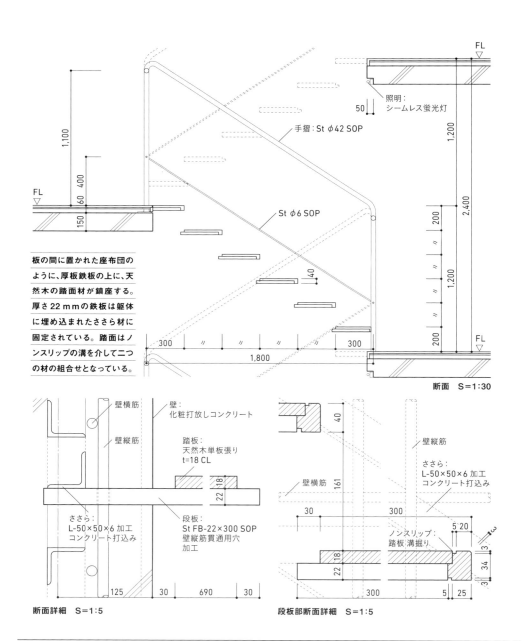

板の間に置かれた座布団のように、厚板鉄板の上に、天然木の踏面材が鎮座する。厚さ22mmの鉄板は躯体に埋め込まれたささら材に固定されている。踏面はノンスリップの溝を介して二つの材の組合せとなっている。

階段・手摺 13	鉄板に腰掛けた天然木
	安田幸一研究室＋安田アトリエ「西麻布の住宅」2005年

コンクリートの躯体から跳ね出された鉄板の上に、ずらして設置された天然木が特徴的な階段。下から見上げても段板の構成がわかる。要素を摺り合わせて減らすのではなく、異素材はそれぞれ異なる「モノ」であるという主張が見て取れる。木は木としての柔らかさという特性、鉄は鉄としての強さという特性が生かされている。見え方だけではなく、機能と強度が最適化され、建築の質を構成している。(M)

厚さ6mmのメープル材に2mmの目地を切ったり、16×40mmの角出し鉄パイプという薄い材を裏からビス留めしたりすることで、繊細で家具的な手摺になっている。

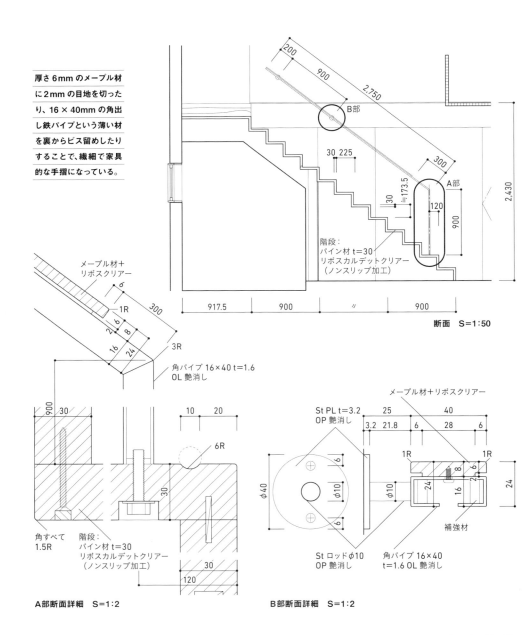

階段・手摺 14	# 鉄にそっと乗る木板

小泉誠「池さんの家」2004年

家具デザイナーでもある設計者による、繊細で素朴な手摺の構成。角パイプを溶接し、手摺子部との連続で鉄の存在感を出しつつ、途中からメープル材の薄板を軽やかに載せたバランス感覚は、機能を満たすことと共に、美の追求の大切さを教えてくれる。各部に使う素材を吟味し、薄すぎて単体では頼りない材も、重ねて使うことで安心感を得ている。いたるところに工芸的美しさが宿っている。(T)

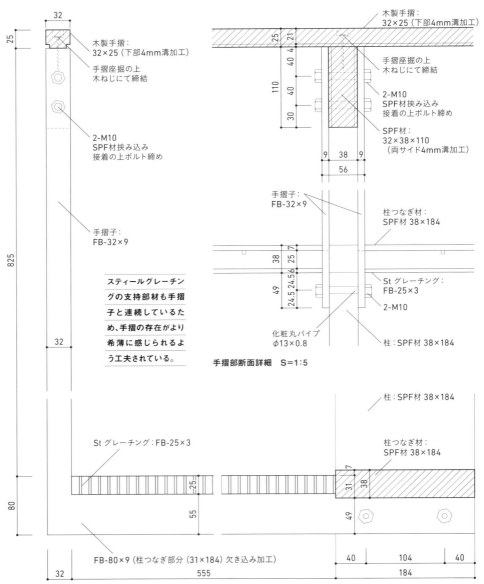

手摺部断面詳細　S=1:5

断面詳細　S=1:5

挟み込まれた木手摺

階段・手摺　15

田井幹夫／アーキテクト・カフェ「材木座の家」2004年

部材の挟み込みによる接合方法を、構造形式から手摺、手摺子に至るまで共通表現として採用している。手摺子の間隔寸法も構造と呼応し、部材メンバーも共通させるという徹底ぶりである。構造と手摺を等価に扱うことで、部屋全体が即物的でありながら、それぞれの部位が突出することなく抽象化されている。既製サッシュを組み合わせた開口も、空間のおおらかさに寄与している。（K）

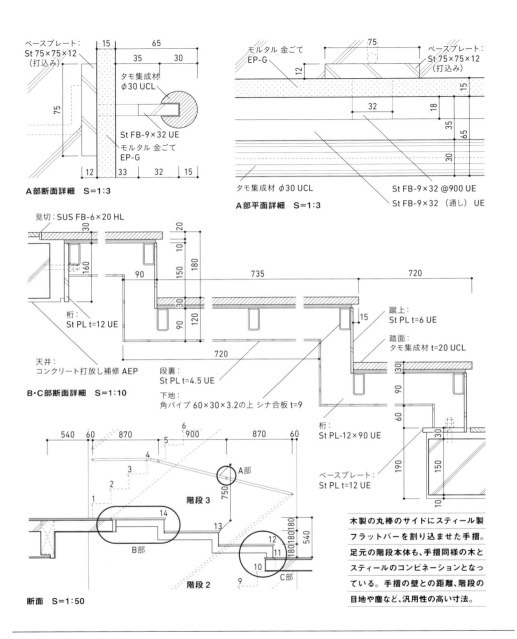

鉄とかみ合う木手摺

階段・手摺 16

宮崎浩／プランツアソシエイツ 「用賀Yハウス」2001年

形状・素材感の両面で触感を支える木製の丸棒、そこにスティール部材を「線状」に割り込ませることで、必要な強度を実現している。スティールの強度は、人が触れた時には剛性感として人に訴えかける。スティール部材が壁から離れて浮いていることで、陰影がつくられ、木とスティールという素材とその陰影がかみ合い、剛性感と木の温かさを感じ取れるディテールとなっている。(M)

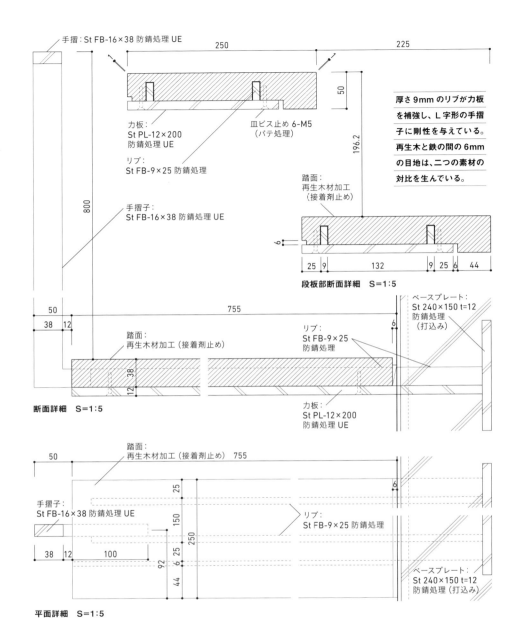

ルーバーのような階段

階段・手摺 17

宮崎浩／プランツアソシエイツ「再生木ルーバーハウス」2000年

　おおらかに外部を取り込むルーバーと、光を通す階段に、耐久性に優れた再生木が使われている。ルーバーと階段における、ピッチと厚さの比率がほぼ同じであることもあって、木より寸法精度が高く、木目のようなパターンのない再生木ならではの、スケールを超えた不思議な呼応関係が生まれている。新しい素材は、スティールと並置するようなディテールによって、既知の素材と渡り合う存在感を獲得している。(1)

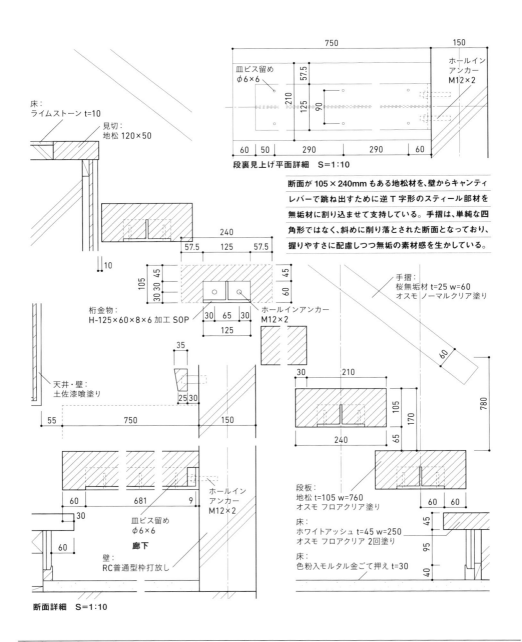

木塊の片持ち階段

階段・手摺 18

竹原義二／無有建築工房「比叡平の家」2000年

無垢の木材がコンクリートの壁から生えているのか、重量があるはずの木の塊が虚空に浮いているのか。素材を厳選し、無垢の木材、紙、コンクリートの三つの素材のみで構成された空間の中で、手摺も壁から浮いたピュアな木の棒として扱われている。無骨なものを無骨なまま機能を発揮させることは簡単ではない。物の接点を見せないディテールによって、禅的な佇まいのある異世界が立ち現れている。（M）

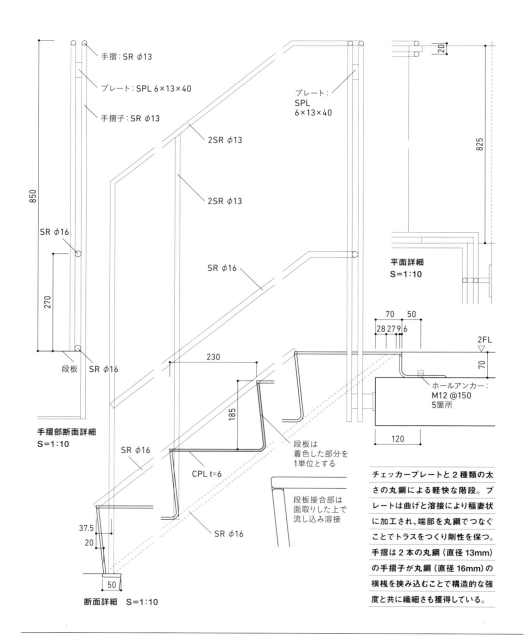

チェッカープレートと2種類の太さの丸鋼による軽快な階段。プレートは曲げと溶接により稲妻状に加工され、端部を丸鋼でつなぐことでトラスをつくり剛性を保つ。手摺は2本の丸鋼(直径13mm)の手摺子が丸鋼(直径16mm)の横桟を挟み込むことで構造的な強度と共に繊細さも獲得している。

階段・手摺 19　躯体との対比を生む丸鋼ダブル

伊東豊雄建築設計事務所「祐天寺T邸」1999年

鉄筋コンクリートの躯体とガラスによるファサードが力強いこの建築の構成に対し、階段や棚はスティール製として軽やかに差し込まれている。縞鋼板の折板と丸鋼の組み合わせによる階段は、無骨な空間の中で華やかさを与えている。手摺や手摺子をダブルの丸鋼にすることで、それぞれ繊細な寸法が可能になり、さらに挟み込みによりシンプルなジョイントが実現している。(T)

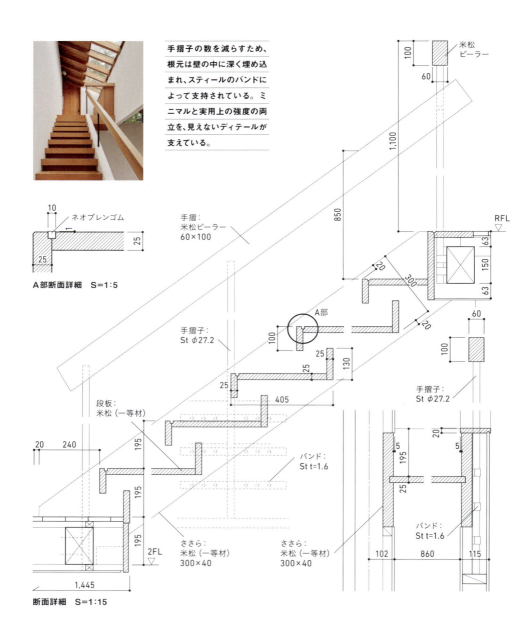

手摺子の数を減らすため、根元は壁の中に深く埋め込まれ、スティールのバンドによって支持されている。ミニマルと実用上の強度の両立を、見えないディテールが支えている。

階段・手摺 20	**米松と鉄のコンポジション**

矢板久明・上野武「南軽井沢の家」1992年

建築空間の中でも階段に対する付加要素として扱われることが多い手摺であるが、ここではシンプルに無垢米松と黒い鉄丸棒を組み合わせることで、抽象絵画のように表現されている。手摺子の径をあえて太く、数を少なくしていることもミニマルな空間全体の意匠と調和し、手摺という二次的要素でありながら、壁や床、天井といった空間のコンポジションに組み込まれている。（K）

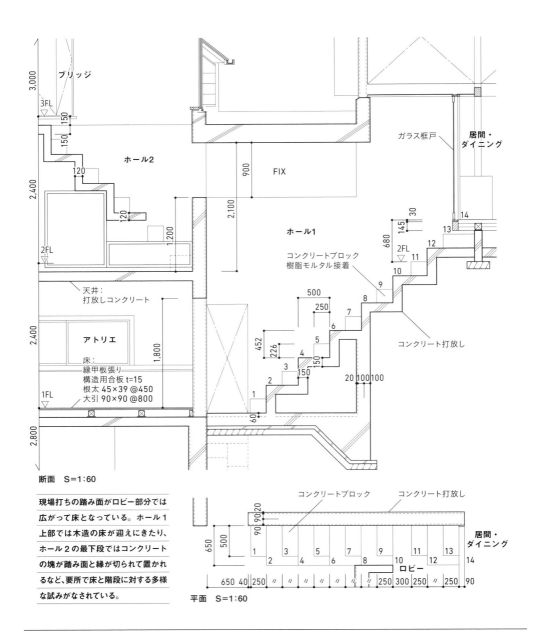

現場打ちの踏み面がロビー部分では広がって床となっている。ホール1上部では木造の床が迎えにきたり、ホール2の最下段ではコンクリートの塊が踏み面と縁が切られて置かれるなど、要所で床と階段に対する多様な試みがなされている。

階段・手摺
21

コンクリートの積み木階段

阿部勤／アルテック建築研究所「前原の家」1991年

2段分の寸法としたスラブと壁をつくり、スラブに余白を残すサイズの既製のコンクリートの塊を置くことによって、大きな階段に小さな段が加わり、箱階段のような状況が生まれている。現場打ちコンクリートと工場打設コンクリートの質感のコントラストによって、色・素材はミニマルでありながら、微細な素材感の違いが静謐な響きを感じさせる。寸法だけでなく製法の違いがディテールの要素となっている。(M)

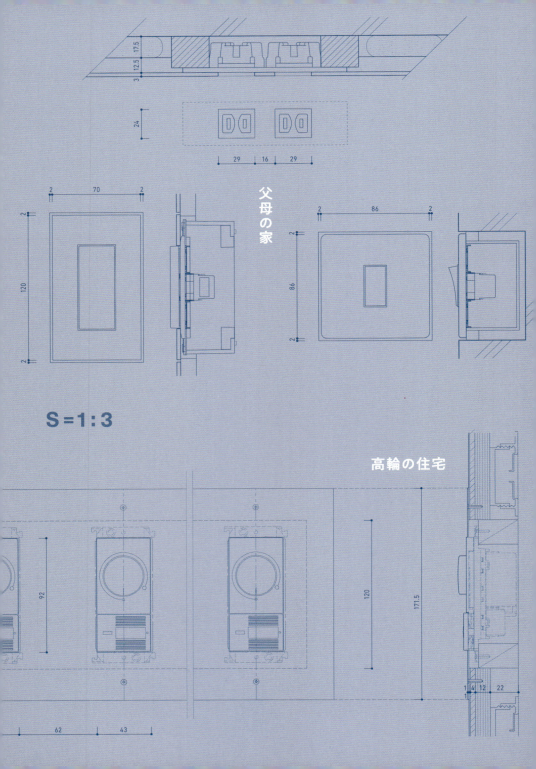

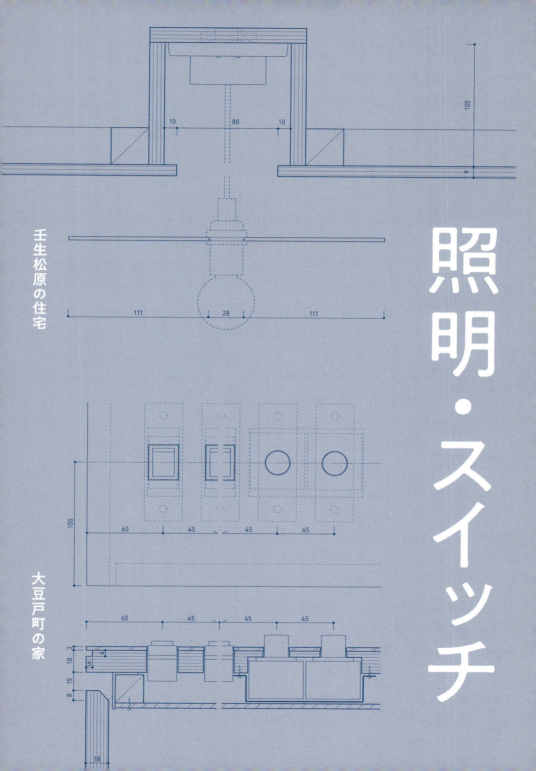

照明・スイッチ

壬生松原の住宅

大豆戸町の家

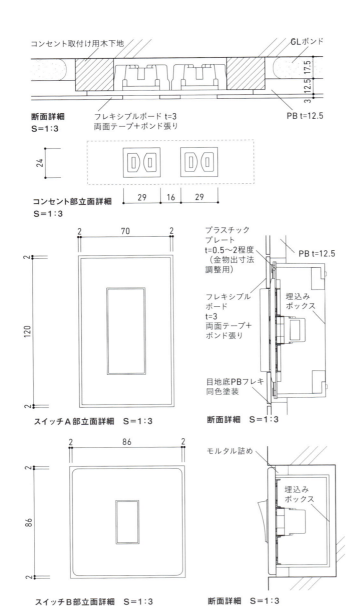

スイッチの種類、色を壁仕上げに合わせて選び、さらに壁と同面になるように埋め込む。手で触れ、目でも見る頻度の高い部位への細やかな眼差しが感じ取れる。機能部であるからこそオリジナルのデザインとすることが難しいところを、仕込み段階から意識を払うことによって、建築の一部として訴えかける部位にまで昇華させている。

上:洗面所に設置されたコンセント。
中:スイッチ A。 下:スイッチ B。

照明・スイッチ 1

壁と同化するスイッチ

松山建築設計室「父母の家」2018年

スイッチやコンセントは、建築物の中で最も頻度高く触れられる箇所である。ここでは、構造からディテールまで、物と物の接点へ高い意識が貫徹されている。スイッチプレートまわりを壁仕上げ材と同じ材料でカバーするだけでなく、ガラスを屋根施工前に設置する、無垢の柱で屋根スラブを支えるなど、つくり手と建築家が深い意思疎通をなさなければ成し遂げられなかった建築である。(M)

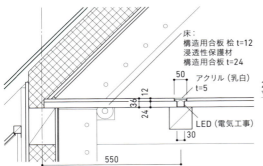

2階ロフト床埋込照明・1階ブラケット照明部断面詳細
S=1:15

仕上げ材は桧の構造用合板（12mm厚）露わし、床下地は厚さ24mmの構造用合板。その下に受け材を設けることで、極薄の床に直接、照明器具本体とアクリル乳半のカバーを丁寧に埋め込んでいる。吹抜け部のブラケット照明器具はプレートの組み合わせで、寸法もほぼミニマムといえる。

1階主室。床空調吹出口は南側開口と平行に、ブラケット照明は2階ロフト床照明と同じ高さに配されている

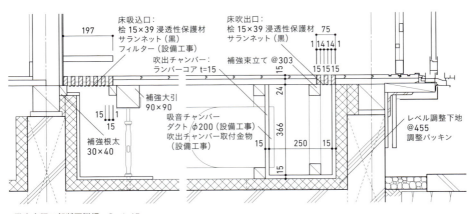

1階床空調口部断面詳細　S=1:15

照明・スイッチ 2	# ミニマム・ライン

立花美緒設計事務所「蝶番の家」2017年

家形の架構と直交する長手の空間に、ライン状の照明、空調のスリットが配されている。1階主室では壁から持ち出された即物的なラインブラケット、細い木材による空調スリット、2階ロフト床面の50mmの幅で埋め込まれた照明、いずれも限りなくミニマルな納まりが志向されており、特に2階床では床目地が発光しているような状態がつくり出されている。物質が求める必要さに素直に従ったディテール。(M)

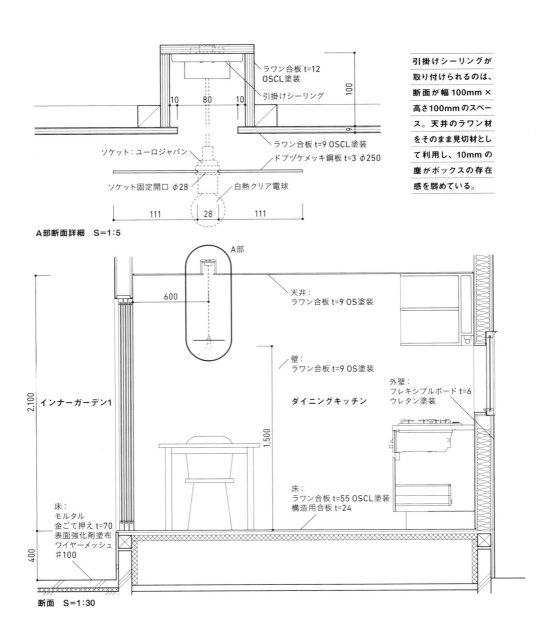

照明・スイッチ 3

懐に隠れたシーリングソケット

奥田晃輔＋堀井達也／OHArchitecture「壬生松原の住宅」2016年

天井に取り付けるペンダント照明は、引掛けシーリングを天井に直接取り付けるか、電源コードのみを天井から取り出すことが多い。天井をフラットな平面として仕上げたいとき、前者はソケットの存在感が気になり、後者はメンテナンスへの配慮が必要になる。ここでは天井の懐にボックス状のスペースをつくることで、メンテナンス性とすっきりとした見え方を両立させている。シンプルで素直なアイデアである。(K)

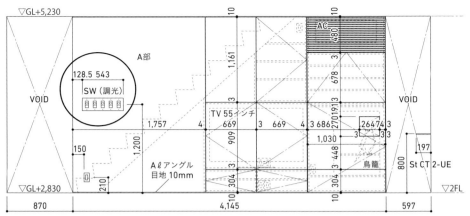

立面　S=1:50

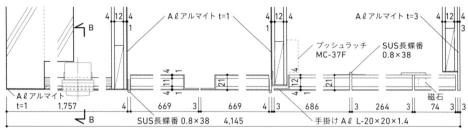

扉部平面詳細　S=1:5

スイッチ本体を下地に直付けし、壁と共材で制作したプレートを重ねてビス留めしている。メンテナンス的にも無理のないディテール。

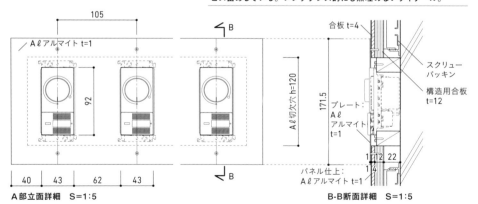

A部立面詳細　S=1:5　　　　　　　　　　　B-B断面詳細　S=1:5

照明・スイッチ 4	# 前景としてのスイッチプレート
	高橋堅建築設計事務所「高輪の住宅」2014年

建物両側の緩衝空間から採光することで、高密度な環境にふさわしい外界との関係が目指された。この収納扉と一体となるようアルミの張られた壁は、手前からの表情豊かな光を映し、外部のような明るい階段の隣で、あたかも別の種類の外部のように室に広がりを与えている。アルマイトの鈍い景色と、扉目地やスイッチのコントロールされたディテールがつくる繊細なレイヤーの重なりが美しい。（1）

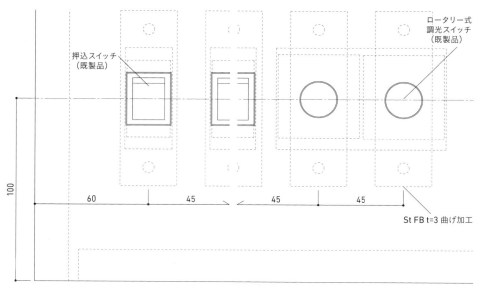

平面詳細　S＝1:2

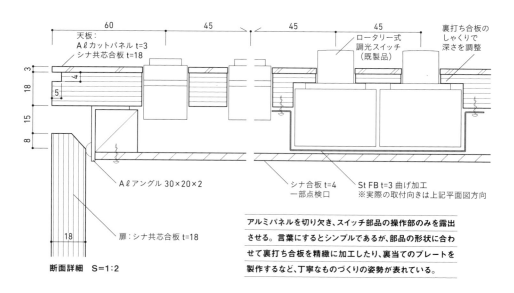

断面詳細　S＝1:2

アルミパネルを切り欠き、スイッチ部品の操作部のみを露出させる。言葉にするとシンプルであるが、部品の形状に合わせて裏打ち合板を精緻に加工したり、裏当てのプレートを製作するなど、丁寧なものづくりの姿勢が表れている。

照明・スイッチ
5

スイッチプレート天板

中山薫＋盛勝宣／FISH＋ARCHITECTS「大豆戸町の家」2007年

手に触れる部分は極力気を遣ってデザインしたいものだ。とはいえ、スイッチやコンセントは必要十分なデザインと機能を求められるので、既製品に落ち着くことが多い。ここでは、スイッチの裏ボックスを加工して、収納家具の天板から操作部だけを露出させることで、空間と家具、設備機器が等価に表現されている。異素材の面納まりに徹したこの住宅の天井や家具の構成を端的に表している。（T）

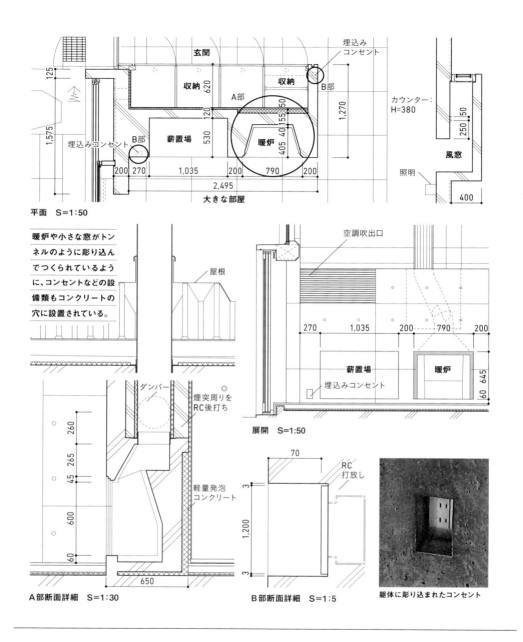

照明・スイッチ 6	**彫り込まれた機能**
	椎名英三・祐子建築設計「聖居」2007年

この住宅において、大きな開口による開放感と共に、コンクリート躯体の存在感が際立つのは、トンネルのように壁に彫り込まれた開口だけによるものではない。一般に、コンセントや照明などの設備が取り付くことで、壁面がその背景となって、物質としての奥行きを失うのに対して、ここでは暖炉や窓と同様にコンクリートの穴に納められることで、躯体は常にオブジェクトとして確かな存在であり続ける。（1）

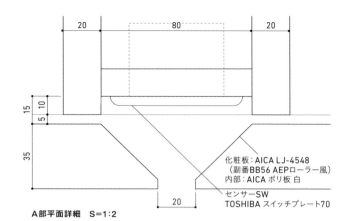

A部平面詳細　S＝1:2

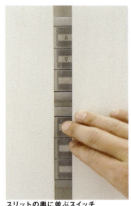

スリットの奥に並ぶスイッチ

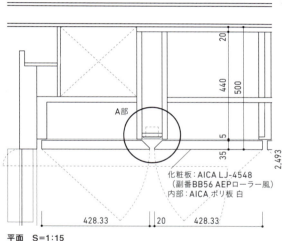

平面　S＝1:15

スイッチを組み込むための配線スペースによって、収納内の寸法はその分犠牲になるが、そのことにも増して、この建築ではスイッチを見せないということが優先される。指を差し込むという共通項によって、20mmというスリット寸法が導かれている。

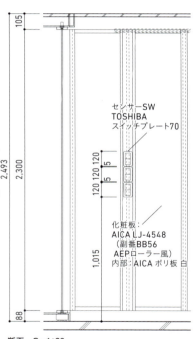

断面　S＝1:30

照明・スイッチ 7　スリット・スイッチ

グエナエル・ニコラ＋内海智行「C−1」2005年

この収納建具のスリットには、扉を開くという行為とスイッチを押す行為が重ねられている。スイッチの存在を消すために、扉で完全に隠すことも可能だが、開き扉の引手をスリットに置き換え、スイッチを押す指を差し込む余白とすることで、スイッチが建築と同化し、日常生活の一部に組み込まれた。ディテールには建築の思想が反映し、空間と不可分の関係を生み出すことができるのである。（K）

おわりに

物と関係性

　ディテールと言ったときにイメージされるものの中には、それ自体として注目しやすい彫刻的／装飾的なものもあって、たとえば商業建築においては、物の印象を方向づける重要な役割が与えられている。ただ、それが住宅に表れた場合、物としての魅力はあったとしても、独立性が強いゆえに空間の中での関係が見出しにくく、何かを記号的に表象する以外には、コンセプトからは説明しづらい。

　一方で、テクスチャやプロポーションによって、要素間の関係を定義するディテールは、建物の成り立ちにかかわるため、コンセプトとの関連を推察することが可能となる。

　アトリエ・ワンの「スプリットまちや」（80頁）の薄い軒は、住宅に、その大きさに合わせたスケール感を与えるだけでなく、厚さをなくすことで、屋根の表側と裏側の表現を強め、それぞれの役割を含めて町家を現代的に再構成することになった。ディテールが建築の構成要素の関係にかかわり、建築表現の根幹にかかわっている。

　ディテールが関係性をつくることだとすると、既製品も、周囲との関係あるいは位置づけが適切であれば、十分に個性的な建築表現になる。堀部安嗣の「善福寺の家」（30頁）では、アルミサッシの枠を完全に消し去り、手すりを付け加えることで、この住空間の質を定める内外の関係を決めているし、ムトカ建築事務所の「N邸」（72頁）では、慎重に選択された既製品の雨樋が、その位置や色、外壁に設けられた他の段差との関連で、この住宅に固有の表情を与えている。

コンセプトとディテール

　一般に、建築はコンセプトから説明されることが多い。それを実現する配置

があって、ヴォリュームが定まり、内部構成が決まって素材やディテールにいたる一貫性を持つことが望ましい、とされる。この思考を共有しやすくする説明の順番は、時に教育の場などで、そのまま設計の手順として求められることがある。しかし実際の設計のプロセスにおいて、最初にあるアイデアは「できるだけ周囲となじませたい、眺望へ向けて開きたい」などの一般的な方向性であって、建物の唯一性を実現するレベルの具体的なコンセプトが計画の初期段階にあることは、まれであろう。100の事例を通して、ほとんどの建物のコンセプトはディテールがあって初めて成立していることを確認できたし、逆に、ディテールのアイデアが生まれたときに初めて、時には建物が出来上がって初めて、建物の目指していることが言語化できたであろうと思われる事例も多くあった。

　たとえば、坂本一成の「House SA 1999」(160頁)における、それ自体が強い形式となりかねないスパイラル状空間が、むしろ住宅の持つ形式性の逸脱へ向いているのは、切りっぱなしのような扉や、その他の意識的に場当たりなディテールの積み重ねによるのは間違いないだろう。仮に近い構成を持つ住宅でも、ディテールによって180度異なる建物となることもありうるだろう。

即物と抽象の間に

　ある住宅の部分が、いかに特徴的であっても、それ自体で独立してあることはなく、性能的にも表現的にも要素間の関係のなかで成立していること、そして、コンセプトとディテールが、通常の説明の順番ほどには、従属的な関係ではなく、設計のプロセスでは相互のフィードバックで実現されること。この二つは、改めて、私たちを以下の認識に導く。

　ディテールとは、物であると同時に関係性のことであり、建築とは、ディテールであると同時にコンセプトである。フィジカルな実体を用いて、さまざまな機能、すなわち人と物の関係という抽象概念を実現するのが建築であるから、具象と抽象の間にのみ、建築が出現するということは、当然のことでもあるが。

　既製品を配慮なく使った場合に明らかなように、物と関係性は、容易にパッ

ケージとして、形式化されてしまうものであるが、100 の事例を通して見えてきたのは、具象と抽象の間のせめぎあいの何処に着地するかというバランスによって、固有の輝きを与える建築家の思考と意思である。ディテールの固有性が、結果的に他にも適応しうる一般性を獲得しているのは、個々の事例から理解いただけると思うが、それ以上に建築家の物に向き合う、真摯な姿勢を感じ取っていただければ幸甚である。

　この本の準備に際し、多くの建築家の皆さんに多大なご協力を頂きました。写真や図面だけではなく、記録のなかった部分を含む情報のご提供など、この場をお借りして御礼申し上げます。

　2019 年 9 月

伊藤博之・川辺直哉・田井幹夫・松野 勉

写真クレジット

FISH + ARCHITECTS	219
Koizumi Studio	193
Nacása&Partners	17, 115, 117
+0 一級建築士事務所	131
y+M design office	99
淺川 敏	181, 195
阿野太一	21, 43, 53, 69, 111, 177
石井紀久	91, 210, 211
石黒 守	191
上田 宏	39, 65, 75
太田拓実	212, 213
大橋富夫	161
大森有起	44, 45
岡本公二	94, 95
小川重雄	27, 127, 149
沖 周治	56
川村麻純	73, 169
絹巻 豊	201
キュリオシティ	222, 223
河内建築設計事務所	128, 129
小林浩志／SPIRAL	87, 104, 105, 109
坂下智広	25, 82, 83
佐々島 健	32, 33
佐藤光彦建築設計事務所	151
椎名英三	220, 221
新建築社写真部	19, 57, 113, 121, 137, 145, 203
杉下均建築工房	13
杉野 圭	133
鈴木陽一郎	71
高橋 堅	144, 217
高山幸三	153
千葉顕弥	204, 205 (2017年撮影)
鳥村鋼一	29, 35, 173, 175
中川敦玲	59, 85, 119, 138, 139, 156, 157, 197
中村 絵	23
西川公朗	36, 37, 46, 47, 96, 97, 101
長谷川豪建築設計事務所	147
平井広行	123, 141, 167
藤塚光政	102, 103, 182, 183, 207
藤原・室 建築設計事務所	92
堀部安嗣建築設計事務所	30, 31, 67
松山建築設計室	90
向山 徹	77
矢野紀行	93, 215
山岸 剛	41
横河設計工房	14, 15
彰国社写真部	48-51, 55, 61, 79, 81, 107, 134, 135, 155, 159, 163, 171, 179, 184-189, 199

編著者紹介

伊藤博之 [いとう・ひろゆき]
1970年埼玉県生まれ。1993年東京大学工学部建築学科卒業。1995年同大学大学院工学系研究科修士課程修了。1995-1998年日建設計勤務。1998年O.F.D.A.共同設立。1999年伊藤博之建築設計事務所設立。2019年より工学院大学教授。

川辺直哉 [かわべ・なおや]
1970年神奈川県生まれ。1994年東京理科大学工学部建築学科卒業。1996年東京藝術大学大学院修士課程修了。1997-2001年石田敏明建築設計事務所勤務。2002年川辺直哉建築設計事務所設立。

田井幹夫 [たい・みきお]
1968年東京都生まれ。1992年横浜国立大学工学部建設学科建築学コース卒業。1994-1999年内藤廣建築設計事務所勤務。1999年アーキテクトカフェ建築設計事務所設立。2018年より静岡理工科大学准教授。

松野 勉 [まつの・べん]
1969年東京都生まれ。1992年早稲田大学理工学部建築学科卒業。1994年同大学大学院修士課程修了（石山修武研究室）。1996年ライフアンドシェルター社設立。2014年アトリエ・天工人専務取締役就任。

現代住宅の納まり手帖
2019年11月10日　第1版　発　行

著作権者との協定により検印省略	

編著者	伊 藤 博 之・川 辺 直 哉・田 井 幹 夫・松 野　勉
発行者	下　　出　　雅　　徳
発行所	株式会社　彰　　国　　社

162-0067　東京都新宿区富久町8-21
電話　03-3359-3231（大代表）
振替口座　00160-2-173401

Printed in Japan

自然科学書協会会員
工学書協会会員

Ⓒ 伊藤博之・川辺直哉・田井幹夫・松野 勉　2019年　　印刷:壮光舎印刷　製本:誠幸堂

ISBN 978-4-395-32143-8　C3052　　http://www.shokokusha.co.jp

本書の内容の一部あるいは全部を、無断で複写（コピー）、複製、および磁気または光記録媒体等への入力を禁止します。許諾については小社あてにご照会ください。